Eigel Wiese

PIRATERIE

Eigel Wiese

PIRATERIE
NEUE DIMENSIONEN
EINES ALTEN PHÄNOMENS

Koehlers Verlagsgesellschaft mbH · Hamburg

Ein Unternehmen der Tamm Media

Bildnachweis Umschlag vorne:
Somalische Piraten, Foto: US-Navy
Hintergrundmotiv, Sammlung Eigel Wiese

Ein Gesamtverzeichnis der lieferbaren Titel schicken wir Ihnen gerne zu.
Senden Sie eine E-Mail mit Ihrer Adresse an:
vertrieb@koehler-books.de
Sie finden uns auch im Internet unter: www.koehler-books.de

Bibliografische Information der Deutschen Nationalbibliothek
Die Deutsche Nationalbibliothek verzeichnet diese Publikation in der
Deutschen Nationalbibliografie; detaillierte bibliografische Daten sind
im Internet über http://dnb.d-nb.de abrufbar.

ISBN 978-3-7822-1008-9
© 2010 by Koehlers Verlagsgesellschaft mbH, Hamburg
Ein Unternehmen der Tamm Media
Alle Rechte vorbehalten
Layout und Produktion: Dörte Brockmann
Druck und Bindung: DZA Druckerei zu Altenburg GmbH, Altenburg
Printed in Germany

Danksagung

Für die Unterstützung bei den Recherchen zu diesem Buch danke ich Fregattenkapitän Michael Koch von der Führungsakademie der Bundeswehr. Er stellte wichtige Kontakte zu Dienststellen der Marine und kompetenten Interviewpartnern unter Marineoffizieren her.
Ebenfalls zu Dank verpflichtet bin ich Fregattenkapitän Reinhard Rusch von der Führungsakademie der Bundeswehr für informative Hintergrundgespräche, die hilfreich waren bei der Einschätzung von Gesamtzusammenhängen.

Inhaltsverzeichnis

Ein verdächtiges Boot ist gestellt. In wenigen Augenblicken werden sich Soldaten abseilen, um es zu überprüfen. Noch ist nicht sicher, ob es sich um ein Piratenboot handelt.

(Foto: US-Navy)

Vorwort

Etliche Jahre galt Piraterie als ein Verbrechen, dessen goldenes Zeitalter weit zurückliegt. Sowohl die Seeräuber des 14. Jahrhunderts in Nord- und Ostsee als auch die Piraten der Karibik des 16. bis 18. Jahrhunderts schienen keine modernen Nachfolger zu haben und wenn, dann waren sie entweder nicht von großer Bedeutung oder man sprach lieber nicht über sie. Schifffahrtsunternehmen haben das Problem gern heruntergespielt, denn Überfälle zu melden, bedeutete Zeit- und Imageverlust. So eigneten sich Seeräuber allenfalls noch als Gestalten in romantisierenden Romanen oder Filmen.

Tatsächlich aber war dieses Übel der Seefahrt zu keiner Zeit völlig ausgerottet. Es gab Regionen in der Welt, auf deren Schifffahrtswegen die Angst schon immer mitfuhr. Aber darüber wurde nur selten berichtet. Bei meinen ersten Recherchen vor gut zehn Jahren begann die Branche zunächst zögerlich einzuräumen, dass dieses Problem überhaupt existiert. Erst dann wurde es nach und nach möglich, über Unternehmen zu berichten, die Seeleute in der Piratenabwehr ausbildeten oder die jährlichen Meldungen des IMB (International Maritime Bureau) zu veröffentlichen. Ebenso schwierig war es, Platz in den Medien für entsprechende Berichte zu bekommen. Es schien zu unbedeutend.

Obgleich Piraterie die Wege des Seetransportes stört und Deutschland als Exportweltmeister darauf besonders empfindlich reagieren müsste, war das Übel im deutschen Bewusstsein eher etwas, das in weit entfernten Regionen stattfand. Erst als Schiffe deutscher Reeder direkt betroffen wurden, als eine politische Diskussion darüber einsetzte, wie der Gefahr zu begegnen sei, nahm die Öffentlichkeit das Problem wahr.

Seither tauchen auch auf politischer Ebene immer wieder einmal Lösungsvorschläge auf, die aber in einigen Fällen bestenfalls Stammtischniveau haben. Sie zeugen von Unkenntnis der Verhältnisse in den betroffenen Ländern ebenso wie von Unkenntnis über die Verhältnisse in der Seefahrt. Von den juristischen Widersprüchen ganz zu schweigen.

Bei den Recherchen zu diesem Buch habe ich mich bemüht, das Problem aus möglichst vielen Blickwinkeln zu schildern, um eine sachliche Grundlage für Diskussionen und Informationen auch im politischen und militärischen Bereich zu schaffen, denn über Lösungen kann nur mitreden, wer die Hintergründe kennt.

EIGEL WIESE   Hamburg-Blankenese, im Frühjahr 2010

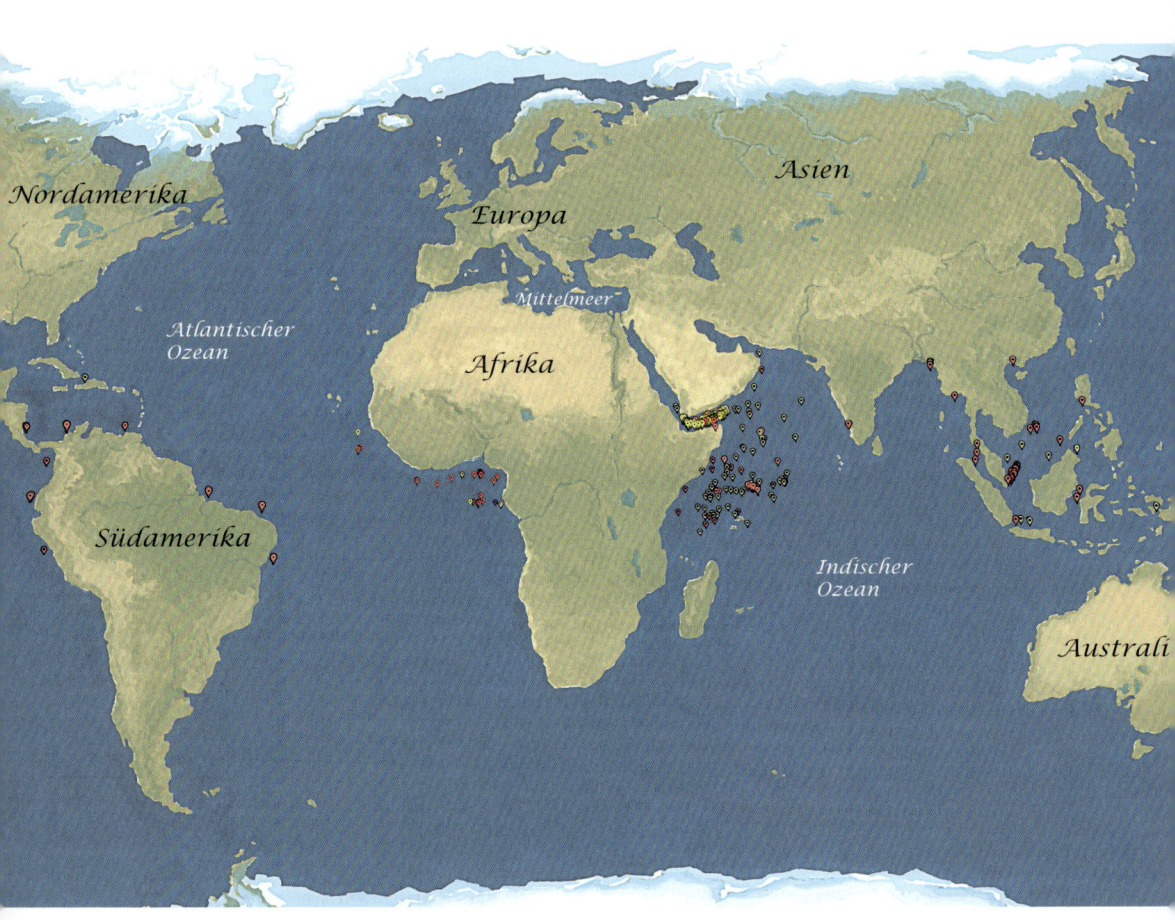

Das International Maritime Bureau veröffentlicht ständig aktuelle Karten zur weltweiten Gefahr der Piraterie. Die roten Punkte sind erfolgreiche Angriffe, die Gelben versuchte und abgewehrte Angriffe. Deutlich ist der Schwerpunkt vor der somalischen Küste zu erkennen.

Karte: © Koehlers Verlagsgesellschaft

Kuala Lumpur: Zentrum für die Bekämpfung der Piraterie

Wenn im Büro des Piracy Reporting Centre (PRC) in dem modernen Hochhaus Wisma Nusantara an der Straße Jalan Punchak im Herzen von Kuala Lumpur das Telefon klingelt, dann kann ein Anrufer sicher sein, dass der Hörer schnell abgehoben wird. Ganz gleich, ob es am Tag oder zur Nachtzeit ist, denn wenn dieses ganz bestimmte Telefon klingelt, dann geht es wieder um einen Notfall, dann haben irgendwo in der Welt Piraten ein Schiff überfallen und der Besatzung ist es gerade noch gelungen, diesen Notruf abzusetzen. Der Wachraum im PRC ist rund um die Uhr besetzt, an 365 Tagen im Jahr. Dort können alle Überfälle auf Schiffe gemeldet werden, unabhängig davon, ob sich diese in Häfen, in den Territorialgewässern eines Staates oder auf hoher See ereignet haben. Derzeit klingelt das Telefon drei- bis viermal am Tag.

Geht ein Notruf ein, dann können die Wachhabenden im PRC Küstenwachen und Marineschiffe der Region alarmieren, sie können die heimische Reederei informieren und andere Schiffe in der Nähe der Position warnen: »Warnung! Warnung! Warnung! Piraten haben soeben einen Chemietanker überfallen! Seine Position lautet ...«

Wirklich helfen aber können die Mitarbeiter des PRC nicht, auch wenn die eigens eingerichtete Hotline die Bezeichnung »Anti Piracy Helpline« trägt. Noel Choong, der Leiter des Büros in der malaysischen Hauptstadt, wischt sich mit der Hand über die müden Augen: »Sind die Piraten erst einmal an Bord des Schiffes, können wir nicht mehr viel machen.« Oft bleibt ihnen nur noch medizinische Hilfe zu koordinieren, Marineschiffe zu alarmieren und Unterstützung durch die zuständigen lokalen Behörden anzufordern.

Resigniert aber hat Noel Choong trotz dieser Machtlosigkeit nicht, denn die Arbeit des PRC trägt dazu bei, die sich ständig verändernden Schwerpunkte der Piraterie zu erkennen, die Methoden der Seeräuber zu analysieren und damit Gegenmaßnahmen zu ermöglichen. In einigen Fällen gelingt es den Mitarbeitern des PRC sogar, geraubte Ladung oder entführte Schiffe wiederzufinden.

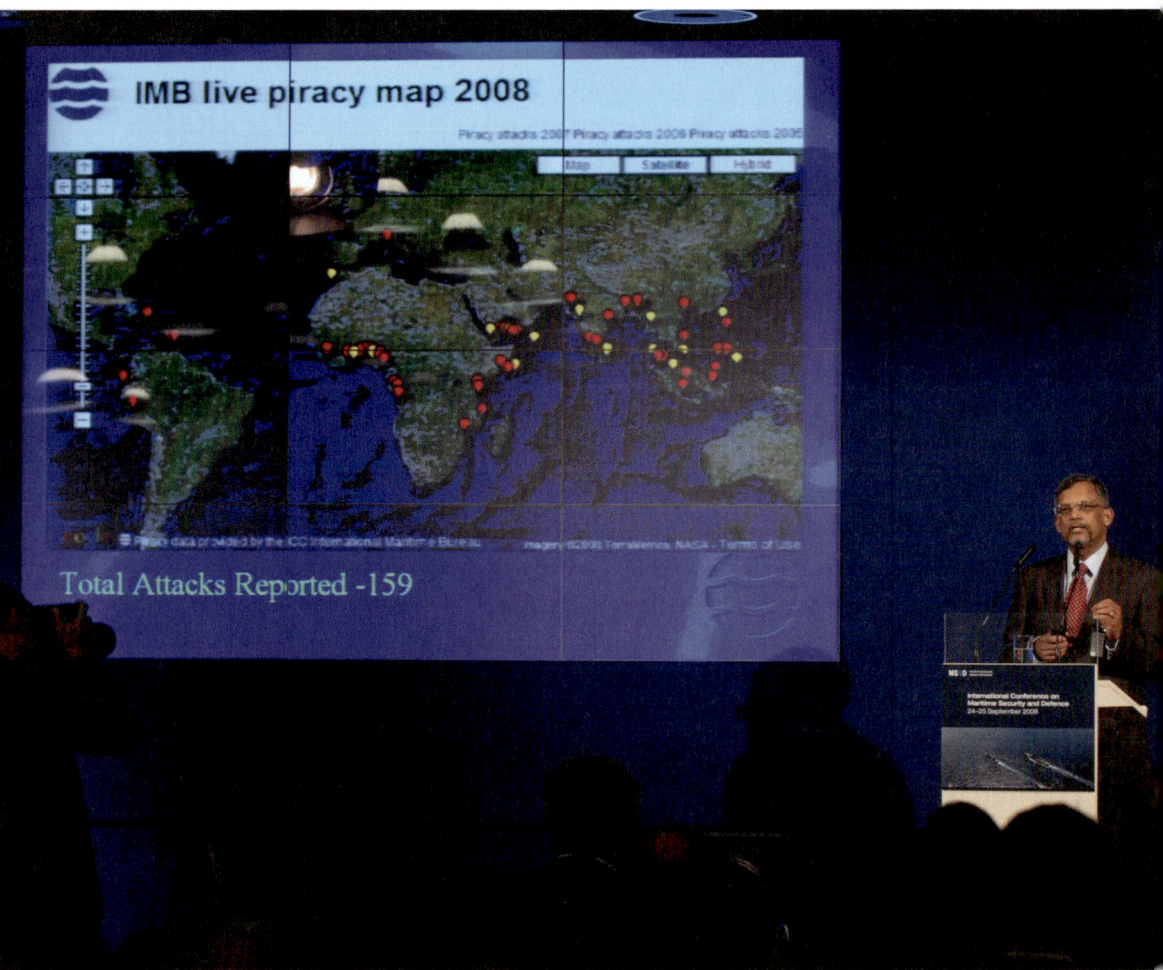

IMB-Direktor Pottengal Mukundan erläutert an Hand einer aktuellen Karte, in welchen Regionen Piraten für die Seefahrt besonders gefährlich sind.　　　(Foto: HMC/Nicolas Maack)

Ein solcher Fall, der die Mitarbeiter nach vielen Fällen der Hilflosigkeit dann doch motiviert, ist derjenige der ALONDRA RAINBOW, die den indonesischen Hafen Kuala Tanjong mit 7.000 Tonnen Aluminiumbarren für den japanischen Zielhafen Miike verlassen hatte. Sie kam nur wenige Meilen weit, da kaperten Piraten das Schiff und hielten die Mannschaft mit Pistolen und armlangen Messern in Schach. Sie verbanden den Männern die Augen und brachten sie auf ein anderes Schiff, das sie wiederum vor der Westküste Thailands in einem Boot aussetzte. Zehn Tage später entdeckte die Besatzung eines Fischkutters die im Meer treibenden See- leute und brachte sie auf die thailändische Insel Phuket. Erst jetzt erfuhr das PRC in Kuala Lumpur von dem Überfall und schickte sofort eine Fahndungsmeldung an alle Hafen-, Zoll- und Vollstreckungsbehörden der Region sowie an die Schifffahrts- und Handelskontaktstellen. Zusätzlich wurden alle Schiffe in diesem Gebiet über Funk gebeten, nach einem Schiff mit den leicht erkennbaren Merkmalen der ALONDRA RAINBOW Ausschau zu halten denn es war zu erwarten, dass Piraten längst seinen Namen geändert hatten.

Das PRC informierte auch die Küstenwachen in Indien und Sri Lanka. Ihnen teilte es das wahrscheinliche Zielgebiet und den vermuteten Kurs Richtung Arabisches Meer mit. Ein Flugzeug der indischen Küstenwache machte das gesuchte Schiff schließlich aus und forderte zwei Patrouillenboote zur Überprüfung an. Vier Tage später meldeten die Boote, das Schiff trage jetzt den Namen MEGA RAMA und als Heimathafen Belize City am Heck.

Das International Maritime Bureau (IMB) konnte kein unter diesem Namen eingetragenes Schiff finden. Daraufhin erhielten die Patrouillenboote den Befehl, das verdächtige Schiff zu überprüfen. Als die Boote erneut näher kamen und ankündigten, zur Überprüfung an Bord kommen zu wollen, drehte die MEGA RAMA ab und versuchte zu entkommen. Nun griff auch ein Schnellboot der indischen Marine als Verstärkung der Patrouillenboote ein und schoss mit Schnellfeuer-Kanonen vom Kaliber 30 Millimeter vor den Schiffsbug. Dies ignorierte die MEGA RAMA ebenso wie die BefehJe zum Anhalten.

Plötzlich sahen die Besatzungen der Küstenwachschiffe an Bord des verdächtigen Schiffes Rauch und Flammen. Offensichtlich hatten die Piraten den Frachter in Brand gesetzt mit dem Versuch, ihn zu versenken und damit Beweismittel zu zerstören. Die Besatzung des Marineschiffes feuerte erneut, diesmal aus seiner 76,2-mm-Hauptkanone.

Vor diesem schweren Kaliber kapitulierten die Piraten, ein Marinekommando enterte das Schiff, löschte das Feuer und stoppte das Fluten des Maschinenraums. Dann stabilisierten die Marinesoldaten die MEGA RAMA, um sie seetüchtig zu halten.

Bei der Aktion wurden 15 indonesische Seeräuber festgenommen. Das nun wieder ALONDRA RAINBOW heißende Schiff schleppte man nach Bombay. An Bord befanden sich noch etwa 4.000 Tonnen der geladenen Aluminiumbarren. Der Rest hatte offensichtlich bereits Abnehmer gefunden.

Um zu vermeiden, dass Schiffe einfach spurlos verschwinden, empfiehlt das IMB Routenkontrollgeräte an Bord zu haben, wie beispielsweise Shiploc, mit denen sich Schiffsbewegungen überwachen lassen. Im Falle einer Kaperung durch Piraten sendet das Schiff unbemerkt kontinuierlich die Position an Satelliten.

Mit seinem gesammelten Wissen und den Erfahrungen trägt das PRC auch zur Entwicklung von Methoden der Piratenabwehr bei. Das PRC gehört zum International Maritime Bureau der ICC, der International Chamber of Commerce, die sich als Internationale Handelskammer für freien, fairen und grenzüberschreitenden Handel einsetzt. Für die maritimen Belange ist das International Maritime Bureau (IMB) zuständig. Unter dem Eindruck der weltweit zunehmenden Piraterie gründete es 1992 das Piracy Reporting Center (PRC). Es ist weltweit die einzige Einrichtung dieser Art. Die Arbeit ist nicht auf Gewinn ausgerichtet und unabhängig von politischen Institutionen. Sie finanziert sich ausschließlich über freiwillige Beiträge aus der Schifffahrtswirtschaft.

Über mangelnde Beschäftigung braucht sich das PRC nicht zu sorgen. Im Jahr 2007 registrierte das Büro weltweit 263 Piraten-Attacken, im Jahr 2008 waren es weltweit schon 293 Überfälle auf Schiffe – Tendenz steigend ...

Neben der Anti Piracy Helpline bietet das IMB Reedern und Besatzungen auch die Möglichkeit, sich vor der Durchfahrt von Seegebieten über die dortigen aktuellen Piratenaktivitäten zu informieren. Dazu tragen eine Datenbank und eine Weltkarte bei, in denen die jüngsten Überfälle dargestellt werden.

In der malaysischen Hauptstadt Kuala Lumpur treffen sich Tradition und Moderne. Hinter den Glasfassaden der modernen Bürohäuser haben Reedereien, Schiffsversicherer und auch das IMB ihren Sitz.
(Foto: Eigel Wiese)

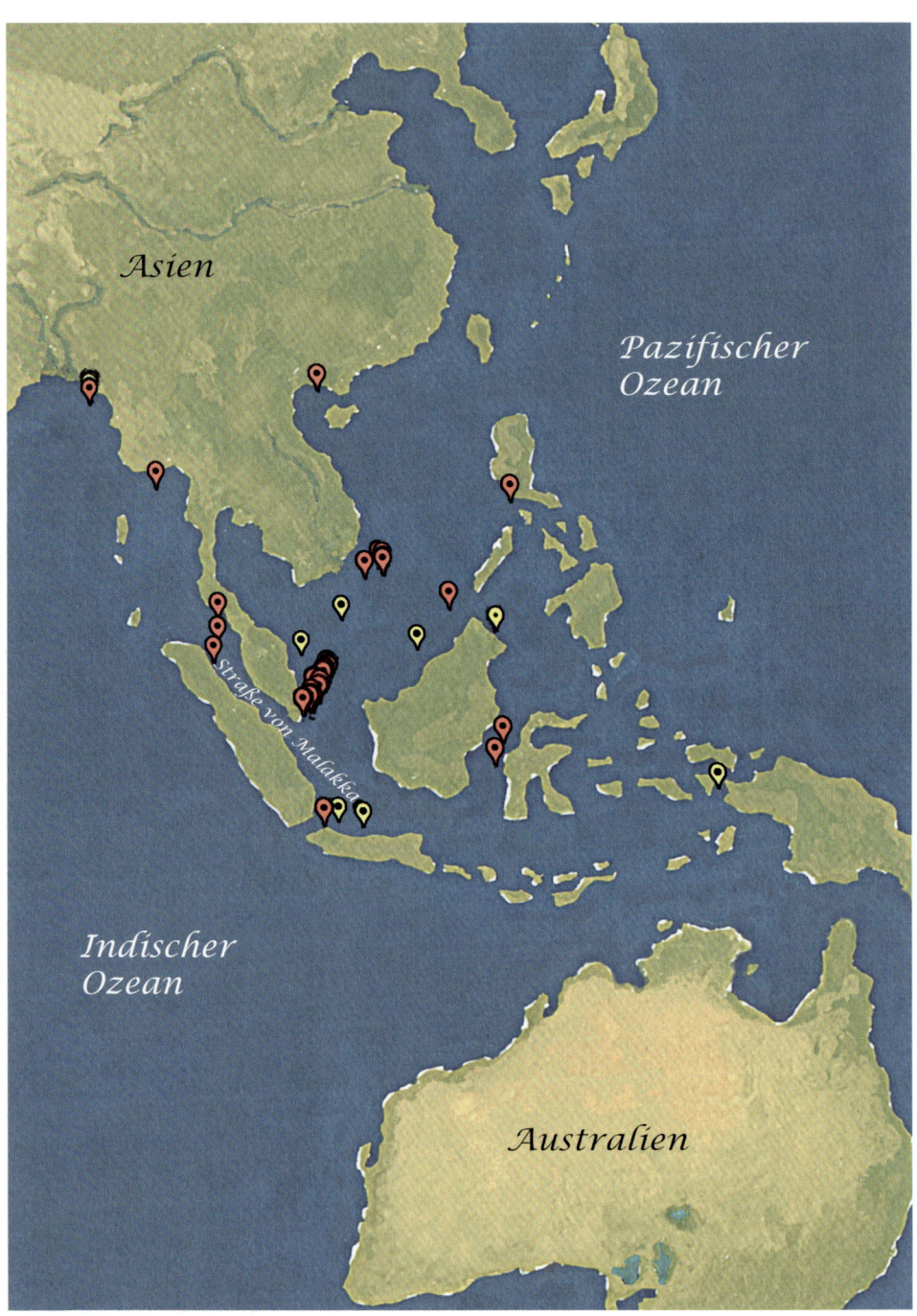

In der Straße von Malakka und dem Indonesischen Archipel sind Piratenüberfälle seit Jahrhunderten belegt. Erst vor wenigen Jahren konnte die Zahl der Überfälle verringert werden.　Karte: © Koehlers Verlagsgesellschaft

S traße von Malakka: Wie drei Staaten Überfälle auf Schiffe verhindern

Es wirkt so, als wäre der Standort für das IMB Piracy Reporting Centre in Kuala Lumpur ganz bewusst gewählt, gewissermaßen im Zentrum der Piraterieaktivitäten der Welt. Nur gut 120 Kilometer weiter südlich liegt die Stadt Malakka, einst einer der zentralen Häfen des Welthandels, er gab der Straße von Malakka ihren Namen. Von hier aus brachen die Portugiesen die Vorherrschaft der Araber im weltweiten Handel mit Gewürzen, kontrollierte später die holländische Ostindische Kompanie die Schifffahrtswege im Handel mit Asien und hatten britische Kolonialbeamte einen der wichtigsten Schifffahrtswege der Welt im Blick – jene Wasserstraße, die längst nach dem damals bedeutenden Hafen als Straße von Malakka jedem Seemann bekannt ist. Heute ist der Hafen verschlickt, er hat jede überregionale Bedeutung verloren. Aber damals wie heute fuhren Schiffe voller Reichtümer des Westens und des Ostens durch dieses, nach der Hauptstadt benannte Nadelöhr zwischen der Malayischen Halbinsel und Sumatra.

Die Straße von Malakka musste von den jeweiligen Machthabern immer verteidigt werden. Davon zeugt noch diese alte Kanone unterhalb des Leuchtturmes. (Foto: Eigel Wiese)

Der Name Straße von Malakka weckt seit Jahrhunderten Assoziationen an Piraterie, geschürt von Abenteuerfilmen und Romanen mit finsteren Gestalten, die mit langen Messern zwischen den Zähnen geschickt über die Reling kletterten und denen ein Leben wenig galt, wenn sich ihnen ein Seemann entgegenstellte. Daran hat sich nichts geändert. Zusätzlich zu den langen Messern benutzen die Piraten allerdings inzwischen auch Schnellfeuergewehre und hoch motorisierte Schnellboote. Damit sind auch moderne Containerschiffe, Tanker und Stückgutfrachter für sie als Beute erreichbar, denn in dem unübersichtlichen Seegebiet müssen sogar von der Bauart her schnelle Schiffe langsamer fahren. Außerdem finden Seeräuber in der Region perfekte Bedingungen. Tausende zum Teil winzige Inseln und unübersichtliche Mangrovenküsten bieten ideale Verstecke und erschweren die Luftaufklärung der indonesischen und malaysischen Marine.

Im Zuge der Globalisierung wird die Beute immer reicher, fahren von Jahr zu Jahr mehr Schiffe durch die fast 900 Kilometer lange und an manchen Stellen nur zwei bis drei Kilometer breite natürliche Wasserstraße. Sie befördern ein Viertel des Welthandels durch diese Meerenge. Darunter die Hälfte aller weltweiten Öltransporte und 80 Prozent des Öls, das China, Japan und Südkorea importieren. Knapp zwölf Millionen Barrel Öl, so viel, wie ganz Deutschland in einer Woche verbraucht, werden durch die Straße von Malakka verschifft – Tag für Tag. Aber auch Containerschiffe, beladen mit Fernsehern, Kameras, Kleidung, Möbeln oder Motorrädern, fahren nach Westen Richtung Europa. Die Zahl der Schiffe, die diese moderne Seidenstraße der See passieren, steigt kontinuierlich: Im Jahr 2008 waren es 64.000 – ein Anstieg von fast 50 Prozent gegenüber dem Jahr 2000.

Die Sundastraße zwischen Java und Sumatra ist für Schiffe auf den Welthandelsrouten keine wirkliche Alternative, denn für Schiffe, die vom größten Containerhafen der Welt, von Singapur aus Kurs nach Europa nehmen, wäre diese Passage ein enormer Umweg. Allerdings lässt sich die Sundastraße leichter kontrollieren, weil sie einzig in indonesischem Seegebiet liegt, während sich die Straße von Malakka drei Anrainerstaaten teilen: Malaysia, Singapur und Indonesien.

So ist die Straße von Malakka ohne Alternative. Und sie war es noch viel weniger zu Zeiten der langsam fahrenden Segelschiffe. Marco Polo durchquerte das Nadelöhr 1292 auf dem Rückweg vom Hof Kublai Khans. Der chinesische Admiral Zheng He führte seine Flotte im 15. Jahrhundert dort durch, im 16. und 17. Jahrhundert durchsegelten Portugiesen und Niederländer es mit wertvollen Gewürzen. Dann empfahl der britische Hydrograf Captain James Horsburgh der britischen East India Company, das am Südausgang gelegene und von Piraten besetzte Inselchen mit dem javanischen Namen Temasek zum Stützpunkt auszubauen. Sir Thomas Stamford Raffles, Agent der Kompanie, folgte seinem Rat und gründete

Das alte Fort auf einem Hügel oberhalb der Stadt Malakka bietet noch heute einen guten Überblick über den Seeweg. (Foto: Eigel Wiese)

1819 den Handelssitz Singapur als erste Niederlassung – nur zwei Jahrhunderte später ist daraus eine Weltstadt geworden.

Die Schiffe jener Zeit waren beladen mit Seide und Porzellan aus China, Stoffen aus dem indischen Gujarat, Kampfer aus Borneo und Sandelholz aus Timor. Muskatnüsse und Nelken kamen von den Molukken, Gold und Pfeffer aus Sumatra, von der Malaiischen Halbinsel selbst stammte Zinn. Chinesische Dschunken und portugiesische Briggs scheiterten an Riffen rund um den gefürchteten Pedra Branca, den weißen Felsen, vor Singapurs Küste. Eine weitere Gefahr waren die berüchtigten Seeräuber.

Abgesehen von der moderneren Bewaffnung haben sich die Methoden der Piraten in dem Seegebiet über Jahrhunderte kaum geändert. Das schildert Hasbullah Zain, Kapitän der INABUKWA. Im März 2001 näherte sich ein Schnellboot dem Heck seines Frachters, der mit einer Ladung Zink und Zinn den Hafen Singapur zum Ziel hatte. Es kam im toten Winkel des Radargerätes. Piraten enterten an Deck, bedrohten die 21 Seeleute mit Pistolen, trieben sie in den Speiseraum und schlossen sie ein.

Zwei Stunden später befahl der Anführer der Piraten den Kapitän auf die Brücke und ließ sich alle Instrumente erklären. Danach musste sich die gesamte

Crew bis auf die Unterwäsche ausziehen und gegenseitig die Augen verbinden. Dann drängten die Seeräuber alle Seeleute in das Schnellboot. Rund einein- halb Stunden später befahlen sie den Männern, ins Wasser zu springen. Kapitän Hasbullah Zain glaubte schon seine letzte Stunde sei gekommen, die Piraten wür- den sie alle umbringen, indem man sie auf hoher See ertrinken ließ. Da spürte er Korallen unter seinen Füßen. Die Piraten hatten sie auf einer unbewohnten Insel ausgesetzt, einziger Proviant waren Instant-Nudeln und eine Kanne Wasser. Die 21 Seeleute hatten Glück, Fischer fanden sie einige Tage später, da waren die Männer schon halb verhungert und verdurstet.

Das Schiff INABUKWA trug schon einen anderen Namen, als es beim Löschen der Ladung in einem philippinischen Hafen der Küstenwache bei einer Routinekontrol- le auffiel. An Bug und Heck hatten die Piraten den Namen »CHUNGSIN« gepinselt, und auf der Brücke stand ein neuer Kapitän. Sogar die Behörden räumten ein, dass dies ein Glückstreffer war, oft fallen solche Schiffe mit gefälschten Papieren über- haupt nicht auf.

Aber es gibt Schlimmeres, als ein verschwundenes Schiff. 1991 überfielen Pi- raten in der Straße von Malakka den mit 40.154 Tonnen Rohöl beladenen Tanker NAGASAKI SPIRIT. Sie enthoben den Kapitän seines Kommandos, schalteten den Autopiloten ein, raubten die Besatzung aus, schlossen sie ein und verschwanden wieder von Bord. Das Schiff trieb anschließend mit voller Fahrt führerlos durch die Meeresenge. Im nördlichen Teil kollidierte es schließlich mit dem Containerschiff OCEAN BLESSING. 12.000 Tonnen Öl flossen aus geborstenen Tanks ins Meer, brei- teten sich aus und fingen Feuer. Die Flammen schlossen beide Schiffe ein. Für die Besatzungen gab es aus dem Inferno kein Entkommen mehr. 51 Menschen star- ben. Nur zwei Seeleute von der NAGASAKI SPIRIT überlebten. Die Flammen auf der NAGASAKI SPIRIT loderten sechs Tage lang, die OCEAN BLESSING war sogar erst nach sechs Wochen gelöscht.

Solche schwerwiegenden Folgen von Piratenüberfällen auf Tanker sind kein Einzelfall. Der mit 240.000 Tonnen Rohöl beladene Tanker EASTERN POWER trieb während eines Piratenüberfalls führerlos im nur 1,3 Kilometer breiten Phillips- Kanal vor Singapur.

Vor dem Tanker CHERRY 201 mit Palmöl für den Bestimmungshafen Belawanon auf Sumatra kreuzte in der Straße von Malakka plötzlich ein schnelles Motorboot den Kurs, Männer mit automatischen Waffen enterten das tief im Wasser liegende Schiff, schwärmten über alle Decks, trieben die 13 Seeleute der CHERRY 201 zusam- men und schlossen sie ein. Den Kapitän setzten sie mit einer Lösegeldforderung über 50.000 US-Dollar an Land. Die sollte er seinem Reeder überbringen. Der Ree- der versuchte, die Forderung zu drücken. Nach fünf Wochen ergebnislosen Verhandelns verloren die Piraten die Nerven: Sie erschossen vier Seeleute, den übrigen gelang es, über Bord zu springen. Sie wurden gerettet.

Früher durchwühlten die Piraten nur die persönliche Habe der Seeleute, zwangen den Kapitän, den Bordtresor zu öffnen, nahmen noch mit, was sie selbst an Schiffsausrüstung gebrauchen konnten und verschwanden wieder. Doch dann ging es immer häufiger um Lösegeldforderungen.

Selbst wenn die Reeder die verlangten Summen zahlen, ist das Überleben der Besatzung nicht gesichert. Das bekamen zwei Malaien zu spüren: »Die Piraten tauchten plötzlich mit Schnellbooten auf. Sie enterten das Schiff und drückten uns sofort eine Pistole an die Stirn. Sie rissen alles an sich – Geld, Uhren, sogar die Kleidung ...« Dann nahmen sie die Besatzungsmitglieder als Geiseln und forderten umgerechnet 100.000 Euro Lösegeld. Als der Reeder schon nach gut einer Woche zahlte, setzten die Piraten ihre Opfer in einem offenen Boot auf hoher See aus. Die Männer überlebten nur, weil sie zufällig von einem anderen Schiff entdeckt wurden.

Die großen Zentren der Piraterie in Südostasien liegen jedoch nicht nur in der Straße von Malakka, sondern auch in den angrenzenden Seegebieten Indonesiens, bei Balongan, Balikpapan und Belawan sowie der philippinischen Gewässer, des Südchinesischen Meeres, der Seegebiete vor Indien, Bangladesch und Sri Lanka sowie dem Meeresgebiet vor dem Länderdreieck Hongkong, Philippinen und China. Auch die Reede vor Chittagong gilt als Hochrisikoregion, dort schlagen Seeräuber bei der Zufahrt und beim Ankern zu.

Angesichts der oft schweren Bewaffnung und des hohen militärischen Ausbildungsstands der Piraten gehen internationale Seefahrtsorganisationen inzwischen davon aus, dass sie mit Unterstützung staatlicher Stellen operieren.

In Ostasien kann ein Hafenarbeiter, der die Fracht eines Schiffes verrät, mit 1.000 Dollar Belohnung rechnen. Ein Kapitän, der sich kaufen lässt, mit 10.000 Dollar. Ein Pirat erhält pro Einsatz bis zu 20.000 Dollar. Der Gesamtumsatz der Hintermänner des Pirateriegeschäftes wird weltweit auf einen dreistelligen Milliardenbetrag geschätzt.

Diese neuen Piraten bilden auch schon wieder Legenden wie zu den besten Zeiten von Klaus Störtebeker, Henry Every oder Stede Bonnet.

Einer von ihnen ist Aliasa Bungalos in den Gewässern der Südphilippinen. Dort ist er als »Commander Alex« berüchtigt. Bungalos kämpfte zunächst jahrelang als muslimischer Rebell gegen die katholische Regierung der Philippinen. Dann beendete er seinen religiösen Kampf und kümmert sich jetzt als Pirat um den Unterhalt seiner Familie. Mit jedem erfolgreichen Überfall wächst das Ansehen des Commanders. Bei seinem Ruf ist für den Nachschub an Gangmitgliedern stets gesorgt.

Er führt ein ganzes Heer schwer bewaffneter Insulaner, die mit ihren Schnellbooten Yachten, Fischerboote, Frachter und Tanker angreifen. Nach blitzartigen
Attacken ziehen sie sich dann auf eine der vielen hundert Inseln der Sulusee
zurück. Mal suchen sie bei Überfällen auf Kutter Radios und Sonargeräte, mal er-

*Der kleine Hafen der Stadt Malakka hatte einmal weltweite Bedeutung. Er gab der Straße von
Malakka ihren Namen. Heutzutage ist er verschlickt und nur noch für kleine Küstenfahrzeuge
zu erreichen.* (Foto: Eigel Wiese)

beuten sie auf einer Fähre Bargeld, Uhren und Kleidung. Spezialisiert hat sich die
Gang aber aufs Kidnappen.

So hielt die Alex-Bande lange Zeit die 13-jährige Tochter eines Mineralölhänd-
lers gefangen und forderte 8.000 Dollar für die Freilassung. Aber der Pirat zeigte
sich auch als Gentleman. Nachdem er das Geld erhalten hatte, entschuldigte er
sich bei den Eltern mit den Worten, ihm bleibe doch nichts anderes übrig, als auf
diese Weise sein Geld zu verdienen.

Einen besonderen Trick dachten sich Piraten im thailändischen Hafen Laem
Chabang aus. 15 leicht bekleidete Damen, ebenso viele, wie Besatzungsmitglieder
an Bord waren, kamen die Gangway eines Containerschiffes hoch, um den Seeleuten Vergnügen zu bereiten. Nur weil der Kapitän aus Angst vor den Behörden das
Treiben vorzeitig beendete und die Mädchen von Bord schickte, bemerkte die Besatzung, dass bereits mehrere Piraten dabei waren, das Schiff zu entern. Sie konnten erfolgreich zurückgeschlagen werden.

Aber auch weiter nördlich, am Golf von Bengalen, überfallen Piraten immer
wieder Schiffe. So entdeckten Beamte eines Patrouillenbootes vor der Küste von

Bangladesch einen führerlos treibenden Fischtrawler. Nachdem sie das Schiff ge-entert hatten, kam ihnen verängstigt ein Fischer entgegen. Er hatte sich in einem der Trinkwassertanks verstecken können, als Piraten zwei Tage zuvor das Schiff über-fallen und Netze sowie Teile des Motors gestohlen hatten. Wo seine Bordkameraden geblieben waren, wusste er nicht. Als die Beamten das Schiff durchsuchten, öffneten sie auch die Tür der Tiefkühlkammer. Dort fanden sie 14 erfrorene Besatzungsmit-glieder. Die Piraten hatten die Fischer in den schalldichten Raum eingeschlossen, um nicht beim Plündern gestört zu werden.

Als Folge der Überfälle in der Straße von Malakka stiegen die Versicherungsprä-mien so stark an, dass der gesamte Handel in der Region einzubrechen drohte. Als einen ersten Schritt richtete Malaysia eine eigenständige Dienststelle zur Piratenbe-kämpfung ein, die Malaysian Maritime Enforcement Agency (MMEA).

Auch Indonesien, Singapur und Bangladesch verstärkten die Überwachung der Meere und erhöhten den Druck auf die Piraten. Mittlerweile patrouillieren Schiffe der drei Anrainerstaaten Indonesien, Malaysia und Singapur gemeinsam in der Straße von Malakka. Das ist nicht nur eine abgestimmte Aktion zur Sicherheit der Seefahrt, es dient auch der gegenseitigen Überwachung, denn in den jeweiligen Hoheitsge-wässern dürfen immer nur die eigenen Schiffe Piraten verfolgen. Keine Seite möchte Befugnisse und Kontrollrechte an eine zentrale Stelle übertragen. Das macht auch internationale Unterstützung zur Absicherung des Verkehrs in dieser wichtigen Was-serstraße so schwierig.

Deshalb wurden konkrete Hilfsangebote seitens der USA und Japans von Singapur, Malaysia und Indonesien stets mit Verweis auf die eigene Souveränität zurückgewie-sen. Weder in Jakarta noch in Kuala Lumpur möchte man amerikanische Elitesoldaten vor der Haustür haben.

Der indonesische Seerechtsexperte Professor Hasyim Djalal erläutert, warum das so ist. »Indonesien ist sehr offen für Kooperationen mit jedem Benutzer der Malakka-Straße in Übereinstimmung mit der internationalen Seerechtskonvention«, erklärt er. »Aber Indonesien, Malaysia und andere Länder sind sehr empfindlich, wenn sie be-fürchten, dass ihre Souveränität verletzt wird. Und deshalb sind sie zwar offen für Zu-sammenarbeit, aber sie sind sehr zurückhaltend, wenn es darum geht, andere Länder in der Straße von Malakka patrouillieren zu lassen.«

Sehr zum Bedauern der USA, denn in Washington sieht man die Seestraße nicht nur als Aufmarschgebiet von Piratenschiffen. In der unübersichtlichen Regi-on könnten sich auch Terroristen breit machen und mit dem Kapern gefährlicher Ladungen ein neues Erpressungspotenzial schaffen, fürchten Sicherheitsexperten. Ein entführtes Schiff in der Straße von Malakka wäre eine gefährliche Waf-fe. »Terroristen könnten einen mit Flüssiggas oder mit Chemikalien beladenen

Mittelpunkt der Stadt Malakka ist die rote Kirche aus der holländischen Kolonialzeit.

(Foto: Eigel Wiese)

Frachter als schwimmende Bombe gegen unseren Hafen einsetzen. In der Nähe sind Wohngebiete, Tausende würden sterben«, sagt dazu Singapurs Sicherheitsminister Tony Tan.

Der Stadtstaat Singapur befürwortete deshalb das Angebot der USA, die Straße von Malakka mit eigenen Marineschiffen zu überwachen. Malaysias Verteidigungsminister Najib Razak jedoch lehnte das mit den Worten ab: »Verantwortungsverteilung ist gut, aber nicht auf Kosten von nationaler Integrität.« Stattdessen spendierten die USA also 15 Patrouillenboote und richteten in Indonesien ein Radarsystem ein.

1992 schon hatte Deutschland die meisten Schiffe der ehemaligen DDR-Marine an Indonesien verkauft. Insgesamt 39 Korvetten, Minensucher, Truppenversorger und Landungsboote. Der Preis lag knapp über dem Schrottwert von 20 Millionen Mark. Anschließend modernisierten deutsche Unternehmen die Schiffe allerdings für insgesamt 700 Millionen Mark.

Im März und Oktober 2004 lieferte die Hamburger Werft Blohm + Voss, die zum ThyssenKrupp-Konzern gehört, die ersten beiden modernen Korvetten für die Königlich Malaysische Marine ab. Insgesamt hat das südostasiatische Land sechs solcher Schiffe bestellt. Sie gehören zum MEKO-System, das modular aufgebaut ist und leicht an veränderte Einsatzbedingungen angepasst und modernisiert werden kann.

Vom Dezember 2004 an wurde es plötzlich still in den Piratenschlupfwinkeln an den Ufern und auf den kleinen Inseln in der Straße von Malakka. Ein Tsunami hatte die Küstenlandstriche der Region verwüstet.

»Seit dem 26. Dezember ist kein einziger Überfall mehr von dort bekannt geworden«, berichtet Noel Choong vom Anti-Piraten-Zentrum des Internationalen Schifffahrtsbüros (IMB) in Kuala Lumpur. »Eine Ursache könnte sein, dass die Flutwelle Boote und Waffen der Piraten vernichtet hat. Natürlich könnte auch möglich sein, dass sie selbst ums Leben gekommen sind. Das ist die große Frage«, sagt Choong. Bis 2003 hatte sich die Zahl der bekannten Piratenattacken dort fast auf 28 verdoppelt. Doch noch im Jahr 2005 registrierte das Internationale Maritime Büro (IMB) in Kuala Lumpur wieder neue Zwischenfälle. Kapitän Abhyankar vom IMB berichtet: »Im Jahr 2000 zählten wir 75 Überfälle, im Jahr darauf nur noch 17. Im Jahr 2003 waren es dann 28 und 38 im vergangenen Jahr. Abgesehen von dem Höhepunkt in 2000, der ein ernsthaftes Problem war, hatten wir die Situation unter Kontrolle. Aber jetzt steigt die Zahl der Überfälle wieder an.«

Weil die Schifffahrtsstraße für sie so wichtig ist, schenkten die drei Staaten China, Japan und Südkorea den Anrainern der Straße von Malakka modernste Überwachungstechnik.

Da es wenig half, sich in der Straße von Malakka gegenseitig zu überwachen, anstatt das Hauptaugenmerk auf die Bekämpfung der Piraten zu legen, einigten sich die drei Anrainerstaaten im Jahr 2004 auf gemeinschaftliche Aktionen. Seither fahren Patrouillenboote und fliegen Überwachungsflugzeuge mit gemischten Besatzungen aus den drei Staaten. Das zeigt Erfolg. Noch 2003 verbuchte allein Indonesien 121 Überfälle und damit mehr als ein Viertel der weltweiten Piratenattacken. 2006 waren es nur noch zwei Angriffe, im Jahr

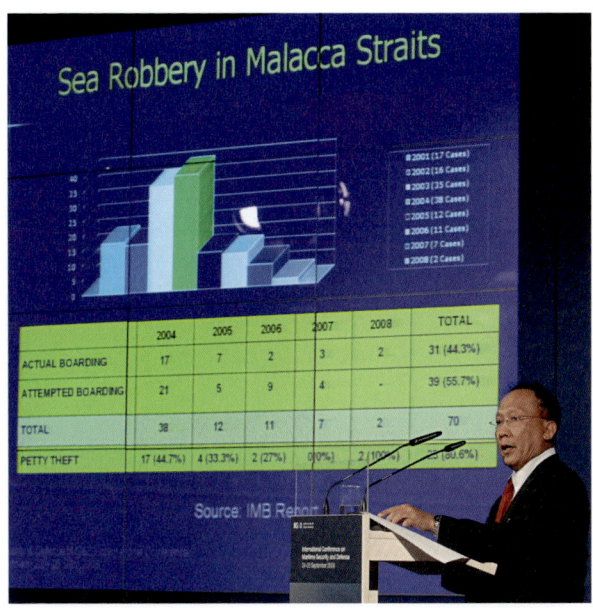

Admiral Datuk Abdul Aziz bin Hj Jaafar, Chef der Royal Malaysian Army, erläutert mit Statistiken die Erfolge bei der Bekämpfung der Piraterie in der Straße von Malakka.
(Foto: HMC/Nicolas Maack)

2007 gab es überhaupt keine mehr. Seit mittlerweile zwei Jahren stuft der Versicherer Lloyds die einst von Piraten verseuchte Malakka-Straße nicht mehr als Gefahrengebiet ein.

Ihr Erfolg darf die Wachsamkeit der Behörden aber nicht mindern. Die Piraten liegen noch immer auf der Lauer, um jede Lücke im Überwachungssystem zu nutzen. Das wurde im Februar 2009 deutlich. Reeder hatten der malaysischen Marinepolizei ein Schnellboot mit sieben Männern an Bord gemeldet. Sie trugen Pistolen, Macheten und Handgranaten. Als die Polizisten sich mit ihrem Patrouillenboot auf die Lauer legten und es kontrollieren wollten, gaben die Männer Gas und lieferten sich mit den Beamten eine wilde Verfolgungsjagd. Dabei schreckten sie auch nicht davor zurück, ihre Waffen einzusetzen. Die Polizisten schossen zurück und trafen den Motor des Schellbootes. Auch ein Pirat wurde verletzt. Eine halbe Stunde später waren alle Verdächtigen im Alter zwischen 21 und 53 Jahren festgenommen. Ihnen wird zur Last gelegt, an mehreren Überfällen auf Schiffe im Jahr 2008 beteiligt gewesen zu sein.

Die Piraten haben keinesfalls ihre Einkommensquellen aufgegeben. Sie haben sie nur verlagert. Mittlerweile ist die Zahl der Überfälle im Südchinesischen Meer gestiegen.

Diese Karte zeigt die pirateriegefährdeten Plätze vor Südamerika.

Karte: © Koehlers Verlagsgesellschaft

Karibik: Gefahr für Yachten im tropischen Paradies

Es war sicherlich ein guter Schuss Humor dabei, als das österreichische Ehepaar Sabine und Hans Werner seine Segelyacht auf den herausfordernden Namen BLACK PEARL taufte, bevor es damit zu einer Weltumrundung startete. Es ist der Name desjenigen verfluchten Piratenschiffes aus dem Erfolgsfilm »Fluch der Karibik«, um das Piratenkapitän Jack Sparrow selbst so lange kämpfen musste. Bei der Taufzeremonie dachten sie sicherlich noch nicht daran, mit diesem Schiff in einen Kampf mit wirklichen Piraten verwickelt zu werden. Noch dazu in dem klassischen Piratengebiet der Karibik, dort wo auch Johnny Depp als Kapitän Jack Sparrow agierte.

Es begann am 1. Dezember 2007 um die Mittagszeit, unweit der Ensa Mejillones an der Nordostküste Venezuelas. Skipper Wolfgang Bittag und seine Partnerin Beate Bauer hatten Kurs auf Trinidad abgesteckt, ihre gut 14 Meter lange Yacht GENESIS, eine serienmäßige Sun Odyssey, machte etwa sieben Knoten Fahrt, als sich ein Fischerboot mit fünf Männern näherte. Die Begegnung schien harmlos zu sein. Sie fragten zuerst freundlich nach Zigaretten, der Skipper antwortete, dass beide nicht rauchen und sie deshalb keine Zigaretten an Bord hätten. Dann forderte er sie auf, auf Distanz zu bleiben. Doch stattdessen beschleunigte das Fischerboot plötzlich und kam steuerbords längsseits. Bittag sprang an die Reling.

Der erste Mann im Boot richtete eine großkalibrige Pistole auf ihn und versuchte über die Reling zu steigen. Beate Bauer zog sich sofort unter Deck zurück. Der deutsche Segler ließ sich nicht einschüchtern, er ergriff die Pistole in der Hand des Piraten und landete einen Faustschlag in dessen Gesicht, der Getroffene ging dabei über Bord.

Einer der Männer im Boot richtete ein Gewehr auf den Skipper, als dessen Partnerin als Verstärkung wieder an Deck auftauchte.

In den Händen hielt sie eine Pfeffersprayflasche von der Größe eines Feuerlöschers. Bittag selbst konnte den Gewehrlauf greifen, als weitere Verstärkung auftauchte. Hans Werner steuerte seine BLACK PEARL mit hoher Geschwindigkeit auf die beiden Boote zu. Er hielt eine großkalibrige Signalpistole in der Hand und schob sich zwischen das Fischerboot und die GENESIS.

Auf die Piraten muss der Anblick abschreckend gewirkt haben, sie drehten ab, so dass Bittag die Pistole loslassen musste. Nun schossen die Angreifer auf die BLACK PEARL, es war aber ein Rückzugsgefecht, denn sie drehten ab, griffen ihren über Bord gegangenen Kameraden auf und nahmen Kurs auf das Land.

Überfälle auf Frachtschiffe sind in der Karibik, dem traditionellen Revier der sagenumwobenen Piraten, selten geworden. Aber Überfälle auf private Yachten haben zugenommen. Besonders gefährdet sind die Buchten der Isla Margarita vor der Küste Venezuelas und die Paria-Halbinsel vor Trinidad.

Mancher Yachtsegler muss den Genuss eines traumhaften Törns mit dem Leben bezahlen, der Traum wird zum Albtraum. Das mussten der französische Skipper Philippe Leudière und seine Frau Catherine erfahren. Sie hatten mit ihrem Katamaran CHRISALIDE ihren Heimathafen auf der Karibikinsel Saint Martin verlassen und waren zur venezolanischen Küste gesegelt. Dort lagen sie über Nacht vor dem Hafen Marina de Caraballeda vor Anker, als vier Bewaffnete von einem Motorboot aus den Segler enterten.

Die Piraten machten kurzen Prozess: Dem 61-jährigen Bootsbesitzer schossen sie mehrfach in den Kopf, einer hielt die Frau unter Deck in Schach, bis die anderen alle Wertsachen und Geräte gefunden und abmontiert hatten. Dann verschwanden die Mörder in den nächtlich dunklen Fluten.

Der Mord war der bisher blutigste Fall dieser Art vor Venezuelas Küste – aber nicht der einzige: Zwei Briten wurden im Juli überfallen, als ihre Yacht RAVEN EYE den Hafen Puerto Santos verlassen hatte. Dabei büßten Peter und Betty Lee nicht nur Geld, Laptop und Navigationsgeräte ein, sondern auch ihren Hund Kankutu, der sich den Piraten entgegenwarf.

Am 5. Dezember 2001 ankerte der bekannte neuseeländische Segler und Umweltschützer Peter Blake in der Amazonasmündung vor dem Hafen von Santana. Mit seinem Zweimaster SEAMASTER hatte er eine ausgedehnte Antarktisexpedition unternommen und wollte nun den Amazonas aufwärts fahren. Blake war ein erfahrener Segler. Er hatte mehrere bedeutende Hochseeregatten gewonnen, unter anderem zweimal den America's Cup. Im Jahre 1995 wurde der Sportsmann für seine Verdienste um den Yachtsport von der britischen Queen geadelt. Außerdem setzte er sich aktiv für den Umweltschutz in sensiblen Lebensräumen wie der Antarktis und dem Regenwald ein. Im Juli 2001 wurde er von den Vereinten Nationen zum Sonderbotschafter des UN-Umweltprogramms ernannt.

Blauer Himmel, weiße Strände und Palmen, diese paradiesische Landschaft lockt Yachtsegler aus aller Welt an. Doch in der Inselwelt lauern auch Piraten. (Foto: Eigel Wiese)

An diesem Dezemberabend ging ein kleines Boot bei seiner SEAMASTER längsseits, vermummte Piraten enterten das Schiff. Blake selbst versuchte Widerstand zu leisten, doch seine Waffe hatte eine Ladehemmung. Die Piraten erschossen ihn. Die sonst so nachlässige brasilianische Polizei ermittelte in diesem Fall des prominenten Opfers den Täter innerhalb von 24 Stunden.

Bei Yachtskippern ist die Karibik beliebt. Blaues Wasser, blauer Himmel, weiße Strände mit Palmen locken zu einem Aufenthalt, der unbeschwert werden soll. Dabei sind nicht nur die vergleichsweise langsamen Segler in Gefahr, ein beliebtes Ziel sind gerade schnelle und hochmotorisierte Motoryachten. Die Besatzungen werden kurzerhand erschossen, die Namen der Schiffe umgepinselt und anschließend fahren sie als Kuriere im Drogenhandel zwischen südamerikanischen Staaten und den USA. Die Gefahr entdeckt zu werden, ist für die Kriminellen gering. Die US-Küstenwache ist nicht annähernd in der Lage, alle Yachten in dem riesigen Seegebiet des Golfes von Mexiko zu kontrollieren.

Übergriffe auf Handelsschiffe sind in diesem klassischen Piratengebiet selten geworden. Aber sie kommen immer noch vor. Gefährdet sind sie besonders während langer Liegezeiten. So war es bei dem niederländischen Flüssiggastanker CORAL ACTINA am 22. April 2003, der vor Georgetown in Guyana vor Anker lag. Drei Täter kletterten an Bord, stahlen Ausrüstungsgegenstände und eine Rettungsinsel, bevor der Alarm ausgelöst wurde.

Fachleute sprechen in solchen Fällen von einer Hit-Rob-Run-Taktik, die aus entern, ausrauben und verschwinden besteht. Sie verlaufen im Wesentlichen alle gleich, so wie bei dem Tanker ORANGE STAR unter liberianischer Flagge, der vor dem brasilianischen Hafen Santos ankerte. Elf Täter brachten die Besatzung in ihre Gewalt. Als Warnschüsse fielen, flohen die Täter, nahmen aber Bargeld und Wertsachen der Besatzung mit.

In den schlecht organisierten südamerikanischen Häfen sind Ladungsdiebstahl und das Entwenden von Ausrüstung einer der Schwerpunkte dieser Kriminalität. Oft genug stecken angeworbene Wächter mit kriminellen Banden an Land unter einer Decke. Hafenliegezeiten von 30 Tagen und mehr erleichtern es den Kriminellen, Schiffe auszuspionieren und so die beste Überfallstrategie zu finden.

Auch Übergriffe auf Fischereischiffe kommen vor. Aber deren Dunkelziffer ist groß, denn in vielen Ländern rechnen die Skipper nicht mit Unterstützung der oft genug korrupten Behörden und erwarten schon gar nicht, dass die Taten aufgeklärt werden und sie ihre Wertsachen zurückerhalten.

Im Vergleich zu anderen Regionen der sieben Meere ist es also still geworden um die Piraten der Karibik. Es liegt nicht an geografischen Regionen, sondern an reichen Warenströmen, wenn Seeräuber aktiv werden.

Den Ruf als Piratennest gewann die Karibik im 17. und 18. Jahrhundert, und sie zehrt von diesem Ruf bis heute – so sehr, dass kaum ein Seefahrtsroman oder Piratenfilm ohne diese Region auskommt.

Piraterie ist so alt wie die Seefahrt und es gibt den Spruch, sie sei nach Prostitution und Medizin das drittälteste Gewerbe der Welt. Das Wort Pirat leitet sich von dem griechischen »peiran« ab. Es bedeutet so viel wie »wagen, unternehmen«. Später wurde die zunächst nur für die griechischen Seeräuber gebräuchliche Bezeichnung »peirates« in die Sprache aller seefahrenden Völker übernommen – unabhängig davon, ob sich die Piraten selbst Seeräuber, Kaper, Korsar, Likedeeler, Bukanier oder Flibustier nannten.

Seeräuber plünderten schon die Flotte von Alexander dem Großen, der so mächtig war, dass er ganze Länder unterwerfen konnte. Gegen Piraten aber wusste er kein Mittel. Die Parallelen zu unserer Zeit sind verblüffend.

Zu römischer Zeit soll es im Mittelmeer mehr als 1.000 Piratenschiffe gegeben haben, die 400 römische Küstenorte angriffen. Als die lebenswichtigen Getreidelieferungen nach Rom wegen der Piratenüberfälle ausblieben und es in der Ewigen Stadt zu einer Hungerrevolte kam, verlich der römische Senat dem Feldherrn Pompejus diktatorische Vollmachten, um dieses Übel drakonisch zu bekämpfen.

Er startete zu Wasser und zu Lande einen Kriegszug, als ob es gegen eine feindliche Großmacht ginge. Mit 500 Schiffen, 120.000 Soldaten und 5.000 Reitern bereitete er den Piratenflotten und ihren Stützpunkten ein Ende. Die Machtübertragung auf Pompejus aber hatte Folgen. Sie trug zur Aushöhlung des klassischen römischen Staatsrechtes und damit letztendlich zur Auflösung der Republik bei.

Im Mittelalter mit seinen langen Handelswegen kamen Land- und Seeräuber zu neuer Geltung. Einer der skrupellosesten unter ihnen war der Mönch Eustace, ein abtrünniger flämischer Geistlicher, der im Auftrag englischer Könige französische Schiffe plünderte. Als er sich auch an englischen Schiffen vergriff, vertrieb man ihn von der Insel. Jetzt bot er seine Dienste den Franzosen feil und führte eine Invasion der Insel an. Doch sie schlug fehl, Eustace wurde von seinen einstigen Arbeitgebern ergriffen und auf der Stelle enthauptet.

Legendär auch ist die Geschichte von dem Seeräuber Klaus Störtebeker, der mit seinen Likedeelern die Handelswege der Hanse in Nord- und Ostsee unsicher machte. Den Hamburgern gelang es, ihn 1402 zu ergreifen und gemeinsam mit 70 Spießgesellen auf dem Grasbrook hinzurichten. Allein um diese Piratengestalt gibt es so viele Legenden, dass es bis heute schwer fällt, Wahrheit von Überlieferung zu trennen.

Der aufblühende britische Seehandel im 16. Jahrhundert ließ auch die Piraterie in britischen Gewässern aufblühen. Damals gab es kaum einen Fischer in England, der sich nicht zumindest nebenbei dem einträglichen Gewerbe widmete, Piraten stellten ihre erbeuteten Waren offen an Deck für den Verkauf zur Schau.

Wales war praktisch ein Piratenfürstentum, und die Einwohner der Cinque Ports – Hastings, Sandwich, Dover, Romney und Hythe – an der Südostküste Englands raubten alle Schiffe aus, die zufällig an ihren Küsten vorbeifuhren. Edelleute wie Sir Richard Grenville, der Earl of Pembroke, und sogar Sir Tohn Killigrew, der eigentlich Präsident der Kommission zur Unterdrückung von Piraterie war, kontrollierten Piratensyndikate an der ganzen britischen Küste.

Von Zeit zu Zeit hielten es die Piraten auch für vorteilhafter, ihre Dienste kriegführenden Ländern anzubieten. Da erhielten sie Kaperbriefe und durften ganz legal Handelsschiffe der gegnerischen Länder überfallen. Viele Staaten nutzten diese Gelegenheit, dem feindlichen Handel zu schaden.

Im 17. Jahrhundert lagen England und Frankreich in der neu entdeckten Welt fast ständig im Krieg mit Spanien. Beide Staaten stritten sich um territoriale Ansprüche und das Handelsmonopol. Der Freibeuter und Kaperfahrer Francis Drake wurde später sogar für seine Verdienste geadelt und durfte sich »Sir« nennen. Der größte Erfolg von Freibeutern war Sir Henry Morgans Überfall auf Panama im Jahre 1671, der bei weitem reichsten Stadt des spanischen Imperiums in der Neuen Welt. Morgan wurde später sogar Vizegouverneur von Jamaika.

Die Spanier nannten diese Freibeuter trotz deren meist offizieller Anerkennung rundweg »piratas«. Aber Morgan und seine Genossen bezeichneten sich als »boucaniers« (Bukaniere), was im Französischen »Fleischräucherer« bedeutet. Genau dies waren die ersten von ihnen gewesen, nämlich Hirten und Holzfäller auf der Karibikinsel Hispaniola, auf der die heutigen Staaten Dominikanische Republik und Haiti liegen. Sie räucherten das Fleisch ihrer Tiere, um es unter den tropischen Temperaturen haltbar zu machen. Später verschrieben sie sich der Piraterie. Sie legten Wert darauf zu betonen, dass ihre Aktivitäten absolut legal seien, weil sie sich – trotz aller seeräuberischen Attribute – einzig und allein gegen die Spanier richteten. Briten und Franzosen fügten sich dieser Auffassung.

Die Rolle der Bukaniere wechselte rasch. Sie plünderten ausschließlich spanische Schiffe aus, ganz gleich, ob zwischen ihren Vertragsstaaten und Spanien nun gerade Frieden herrschte oder Krieg. So galten sie an einem Tage als Piraten und am nächsten als Helden von England und Frankreich.

Die spezielle karibische Form des Freibeuterspiraten, der so genannten Bukaniers, starb aus, nachdem England 1689 endgültig Frieden mit Spanien geschlossen hatte. Zu diesem Zeitpunkt hatten sich bereits viele Veteranen dieser Art der Freibeuterei der offenen Piraterie zugewandt, und ihre Reihen füllten sich bald mit den verschiedensten unzufriedenen Seeleuten, die bestrebt waren, ihr armseliges Los durch die Erwerbung schnell erworbener Reichtümer aus gekaperten Prisen zu verbessern. Vom karibischen Raum aus durchstreiften diese Männer praktisch alle Meere der Welt, wo sie Schätze in Hülle und Fülle fanden.

Es war eine Zeit der Expansion im internationalen Seehandel. Ende des 17. Jahrhunderts waren an fast allen bewohnten Küsten der Erde Häfen und Handelsniederlassungen gegründet worden und eine Vielzahl von Schiffen aller Formen, Größen und Nationalitäten mit zum Teil sehr wertvoller Fracht bahnte sich ihren Weg über ein kompliziertes Netz von Schifffahrtsstraßen. Besonders lohnende Beute waren die Flotten der spanischen Schatzschiffe, beladen mit der Ausbeute der Gold- und Silberminen Spanischamerikas. Aber auch die Konvois portugiesischer Handelsschiffe, angefüllt mit den Reichtümern Brasiliens, überfielen sie, ebenso wie die Schiffe der Royal African Company und anderer europäischer Handelsgesellschaften in Afrika, die Gold, Elfenbein und Sklaven aus dem Innern Westafrikas brachten. Diese Schätze lockten zu jener Zeit ganze Horden von Piraten auf die Seewege der Welt.

Piratenbeute war jedoch nur dann etwas wert, wenn sich ihr Wert auch realisieren ließ – wenn ein geeigneter Markt zur Verfügung stand, auf dem sie verkauft oder eingetauscht werden konnte. Der bedeutendste Handelsplatz dafür war Nordamerika. Während eines Großteils ihres goldenen Zeitalters operierten die Piraten mit Hilfe der aktiven Unterstützung und Zusammenarbeit der Gouverneure, Kaufleute und Einwohner der nordamerikanischen Kolonien. In England wurden die Piraten unbarmherzig verfolgt. Aber in den amerikanischen Häfen bot man ihnen Schutz und Gastfreundschaft, zudem Schiffe, Proviant, Besatzungen, gefälschte Kaperbriefe und einen Ort, an dem sie ihre Beute verkaufen konnten, denn die amerikanischen Kolonien zogen ebenso Gewinn aus der Piraterie wie die Piraten selbst. Und indem sie die Piraterie unterstützten, versetzten die Amerikaner der britischen Herrschaft empfindliche Schläge in jenem immer heftiger werdenden Kampf, der seinen Höhepunkt schließlich im amerikanischen Unabhängigkeitskrieg finden sollte.

Als unabhängige Nation engagierten sich die USA in der Folge stark in der Bekämpfung der Seeräuberei. Piraterie erlebte nie wieder eine solche weltweite Bedeutung, wie während ihrer großen Zeit in der Karibik.

Ein heute nur noch wenig bekanntes Kapitel dieser karibischen Seeräuberei handelt von einem Piraten mit dem Namen Moses Cohen Henriques. Zu seiner Zeit, im 17. Jahrhundert, galt er als einer der erfolgreichsten seiner Zunft. Wie der Vorname Moses Cohen schon vermuten lässt, war er jüdischer Abstammung. Er war ein Nachfahre jener spanischen Juden, die 1492 das Land verlassen mussten. Die katholischen Könige, wie sich Ferdinand II. und Isabella I. nannten, hatten

Im Gouverneurspalast von Santo Domingo wurde schon im 16. Jahrhundert die Bekämpfung von Piratenflotten organisiert. (Foto: Eigel Wiese)

nach der Eroberung des muslimischen Granada den Aufenthalt von Juden in ihrem Herrschaftsbereich und deren Religionsausübung verboten. Franzosen, Briten und Niederländer dagegen duldeten die Juden im Kampf gegen die spanische Vorherrschaft auf ihren Inseln. So gaben sie den Vertriebenen eine Gelegenheit zur Rache.

Barbados und die niederländische Antilleninsel Curaçao rühmen sich noch heute ihrer Erstsiedler, der sephardischen Juden. Die Karibik verdankt ihnen einen Teil der wirtschaftlichen Entwicklung. Juden beteiligten sich am Befreiungskampf für die Unabhängigkeit Kubas und der Dominikanischen Republik. Die Eroberung der spanischen Kolonie Jamaika durch die britische Flotte bereiteten Juden mit vor, die in der Piratenhochburg Port Royal lebten. Größere jüdische Gemeinden gibt es heute noch in Curaçao (450), der Dominikanischen Republik (250), Jamaika (300 Personen), Kuba (rund 600 Gemeindemitglieder), Puerto Rico (2.500) und auf den US-Jungfraueninseln (300).

Beim Pirateneid zu Beginn seiner kämpferischen Laufbahn vor der jamaikanischen Hafenstadt Port Royal geriet Henriques allerdings mit seinem Glaubensbekenntnis in Konflikt. Alle Mannschaftsmitglieder sollten auf die christliche Bibel schwören. Henriques weigerte sich. Er lehnte es auch ab, stattdessen die Hand auf die Piratenflagge mit dem Totenschädel und den gekreuzten Knochen zu legen, denn als ein Cohen durfte er weder mit einem toten Körper noch mit dessen Symbolen in Berührung kommen. Den Namen Cohen tragen nach jüdischer Überlieferung die Nachkommen der Tempelpriester von Jerusalem, für die besondere religiöse Regeln gelten. Aber Piratenherrscher Morgan, dem er sich unterordnen sollte, wusste Rat. Auf einer Kanone sitzend, gelobte Henriques symbolträchtig, der »Bruderschaft der Küste« treu zu dienen und die Interessen der Freibeuter mit seinem Leben zu verteidigen.

Er wurde einer ihrer Erfolgreichsten. 1628 gelang El pirata Moisés, wie er inzwischen genannt wurde, in den Gewässern vor Kuba ein spektakulärer Überfall auf ein Schiff der spanischen Silberflotte. Nach heutiger Rechnung betrug die Beute eine Milliarde US-Dollar. Vergeblich versuchte Spanien, Henriques habhaft zu werden. So wurde er zu seiner Zeit einer der meistgesuchten Männer der Welt.

Die Verbundenheit mit seinem Glauben und den strengen Regeln behielt Henriques während seines gesamten kämpferischen Lebens bei. Niemals überfiel er ein spanisches Silberschiff an einem Sabbat. Mochte es auch eine noch so lohnende Beute sein.

Der Schwerpunkt von Piratenüberfällen an der westafrikanischen Küste liegt vor dem Golf von Benin.   Karte: © Koehlers Verlagsgesellschaft

Nigeria: Kampf um Öl und Einfluss

Tagsüber hätten die Piraten keine Chance gehabt. Der knapp 50 Meter lange Bohrinselversorger BOURBON LEDA ist unter anderem zur Hilfe bei Notfällen eingerichtet und erreicht deshalb eine Geschwindigkeit von 23 Knoten. Doch die Angreifer kamen während einer stockdunklen, mondlosen tropischen Nacht im Januar 2009, als das Schiff in der Nähe der nigerianischen Insel Bonny im Nigerdelta vor Anker lag. Noch bis ins 19. Jahrhundert hinein wurden dort Sklaven verladen und Kapitäne mussten stets fürchten, von Piraten überfallen zu werden. Heute strecken sich dort vor Raffinerien, die sich mit ihren Tanks kilometerweit am Ufer ausdehnen, drei Ölpiers in den Bonny River. Es ist ein so wichtiger Hafen für die Verladung von nigerianischem Öl, dass sogar die Sorte Bonny Light Oil daher ihren Namen hat. Die Anlagen sind auch Basis derjenigen Versorgungsschiffe, die zu den Bohrinseln auf dem Festlandsockel im Golf von Guinea hinausfahren. Von Piraten überfallen zu werden, gehört dort seit Jahrhunderten zu den Risiken der Seefahrt.

In diesem Fall kamen sie über das flache, langgestreckte Achterdeck leicht und schnell an Bord der BOURBON LEDA. Bevor sie reagieren konnten, waren die neun Seeleute schon Geiseln. Es handelte sich um Männer aus Nigeria, Ghana, Kamerun und Indonesien, Männer, die im Ölgeschäft arbeiten, zupacken können und so schnell vor Gefahren nicht zurückschrecken. Doch gegen die Waffen der Piraten waren sie ohne Chance.

Der Kapitän durfte mit seiner Reederei telefonieren, er teilte mit, alle an Bord seien gesund und unverletzt. Die Reederei Bourbon Offshore mit Sitz in Paris, unweit der Place des Victories und außerdem in Marseille, unweit des Alten Hafens, ist in mehr als 28 Ländern überall auf der Erde dort aktiv, wo vor den Küsten Öl gefördert wird. Sie betreibt eine Flotte von 288 Offshore-Versorgern und hat weltweit 5.300 Mitarbeiter. Die halten für Öl- und Gasunternehmen Förderanlagen vor Küsten instand und befördern Material und Personal.

Was in den nächsten drei Tagen geschah, darüber schweigen die nigerianischen Behörden ebenso wie die Geschäftsleitung von Bourbon Offshore. Tatsache ist nur, dass alle neun Seeleute nach dieser Frist unverletzt freikamen, schnell zu ihren Familien reisten und das Unternehmen sich bei den nigerianischen Behörden für deren Einsatz bedankte. Über Einzelheiten schweigen beide Seiten. Das französische Außenministerium gab nur bekannt, die französische Regierung habe kein Lösegeld bezahlt.

Die Reederei muss zwischen die Interessen unterschiedlicher Rebellengruppen Nigerias geraten sein, die in dem westafrikanischen Land um Anteile an der Erdölgewinnung kämpfen. Wenige Monate zuvor hatten Piraten schon ein weiteres Schiff der französischen Reederei überfallen und im August 2008 entführten Bewaffnete zwei Mitarbeiter des Unternehmens aus einer Hafenbar in Onne bei Port Harcourt.

Schon in den Jahren davor hatten sich Entführungen und Angriffe auf Ölarbeiter im Niger-Delta gehäuft, betroffen war nicht nur das französische Unternehmen. Nahe des Hafens Port Harcourt überfielen Seeräuber einen norwegischen Frachter, der Güter für China geladen hatte. Sie plünderten den Besitz der 22 indischen Besatzungsmitglieder, nahmen Navigationsgeräte sowie Computer mit und waren sofort wieder verschwunden.

Piraten machen auch vor Schiffen der Regierung nicht Halt. Ebenfalls in der Nähe von Bonny griffen vier Männer in einem Schnellboot sogar ein Marineschiff an. Drei von ihnen waren bewaffnet. Alle starben, als nigerianische Soldaten, die den Auftrag hatten, die Bohrinseln zu bewachen, das Feuer eröffneten. Man wird daher nie erfahren, was sie zu diesem aussichtslosen Überfall getrieben hat.

Wegen der immer wiederkehrenden Überfälle auf Schiffe und Bohrinseln im Golf von Guinea hat der britisch-niederländische Ölkonzern Shell bereits angekündigt, sich aus dem nigerianischen Ölgeschäft zurückzuziehen. Dabei ist Nigeria der wichtigste Ölproduzent Afrikas. Seine Erdölreserven werden auf 36 Milliarden Barrel (je 159 Liter) geschätzt. Die Reederei Maersk hat die Kapitäne ihrer Schiffe bis auf Weiteres angewiesen, Port Harcourt, den Haupthafen des Landes, nicht mehr anzulaufen.

Nigeria hat einen Anteil von 80 Prozent des Schiffsverkehrs in dieser Region. Die Regierung des Landes bemüht sich mit möglichst flächendeckender Überwachung seiner Hoheitsgewässer durch die Marine, der Piraterie Herr zu werden. Mehrmals täglich patrouillieren Hubschrauber und Schnellboote im Bereich der Ölverladeanlagen und Bohrinseln. Damit die Seeräuber nicht Schutz in den Hoheitsgewässern Kameruns oder Benins finden, hat das Land vereinbart, bei der Verfolgung bis zu 15 Seemeilen weit in deren Territorialgewässer eindringen zu dürfen.

Der nigerianische Konteradmiral Ba Raji: »Zur Bekämpfung der Piraterie im Golf von Benin haben wir Abkommen mit unseren Nachbarstaaten geschlossen.«
(Foto: Eigel Wiese)

Die stärkste Rebellengruppe im Nigerdelta ist die Befreiungsbewegung für das Nigerdelta (MEND), die sich auch schon zu Entführungen von Ausländern bekannte. Sie fordert eine stärkere Beteiligung der Bevölkerung an den Einnahmen aus dem Ölgeschäft.

Wie es weitergehen soll, erläutert Konteradmiral Ba Raji von der nigerianischen Marine: »Die Regierung hat den Kämpfern der MEND Straffreiheit zugesichert und ihnen Geld angeboten, wenn sie ihre Waffen niederlegen.« Das Angebot stammte von Anfang August 2009 und war auf 60 Tage befristet. Kurz vor Ablauf der Frist zeichnete sich ab, dass die Führer der Bewegung das Angebot annahmen und zusicherten, nicht mehr zu den Waffen zu greifen.

An der Zahl der Überfälle konnte man immer schon ablesen, wie es in Nigeria um die ethnisch-religiösen Konflikte im Landesinnern steht. Flammen sie auf, dann sinkt die Sicherheit vor den Küsten.

Besonders mit dem Ölboom in den 70er und 80er Jahren des 20. Jahrhunderts galt die Küste Nigerias als gefährlich. Die plötzlich reichlich vorhandenen Petrodollars führten zu einem Importboom, dem die Häfen des Landes überhaupt nicht gewachsen waren. So lagen Schiffe voller Güter manchmal wochenlang auf Reede. Sie waren leichte Beute. Speziell der Hafen Lagos galt seinerzeit als Zentrum der weltweiten Piraterie und war unter Seeleuten gefürchtet. Im Jahr 1981 beispielsweise wurden 77 Überfälle gemeldet. Wie viele gar nicht erst gemeldet wurden, weil man ohnehin keine Unterstützung von den Behörden an Land erwartete, ist nicht bekannt.

Von mangelnder Unterstützung an Land berichten Seeleute aus der Region immer wieder. Mehrfach sind Hafensicherheitsbehörden ausgerechnet zur Zeit eines

Überfalls nicht per Funk zu erreichen oder sie reagieren nicht auf Notrufe. Der Verdacht, Beamte seien bestochen worden, kommt immer wieder auf.

In den neunziger Jahren schien das Piraterieproblem vor Nigeria weitgehend gelöst, die Zahl der Fälle ging rapide zurück, doch seit einigen Jahren, seit die staatlichen Strukturen wieder geschwächt sind, steigt die Zahl wieder ebenso schnell an.

An anderen Küstenabschnitten Westafrikas sieht es nicht viel besser aus. Vor der Küste Sierra Leones, Liberias, der Elfenbeinküste, Ghanas, Mauretaniens und des Tschad gibt es ebenfalls zahlreiche Überfälle. In Liberia herrscht eine fragile Sicherheitslage, in Ghana gibt es bewaffnete Auseinandersetzungen, in Sierra Leone kämpften Warlords bis vor drei Jahren in einem blutigen Bürgerkrieg um Rohstoffe.

Wie sehr es bei der Piraterie im Golf von Benin um politische Hintergründe geht, zeigte sich bei einem Überfall auf ein Schiff des französischen Erdölkonzerns Total im Oktober 2008 vor einer Bohrinsel nahe der Küste Kameruns. Piraten nahmen zehn der 15 Besatzungsmitglieder als Geiseln und flüchteten mit drei Schnellbooten.

Von offizieller Seite waren keine Stellungnahmen zu dem Vorfall zu erhalten. Auch Total und Bourbon Offshore als Betreiber der Bohrinsel hüllten sich in Schweigen. Das überfallene Schiff war nach Angaben des Unternehmens Bourbon bei der Verladung von Rohöl im Einsatz gewesen. Es lag an einem Ölfeld in der Nähe der Ölhalbinsel Bakassi, einem Gebiet mit Mangrovenwäldern und vielen kleinen Flussläufen. Zu Gerüchten, die Geiselnehmer hätten den Stopp der Ölförderung vor Bakassi gefordert, gab es keine Stellungnahmen. Französische Medien berichteten jedoch, die Piraten hätten von der Regierung in Kamerun neue Verhandlungen über die umstrittene Halbinsel gefordert.

Nigeria hatte Bakassi Mitte August 2008 an Kamerun übergeben und damit einen jahrzehntelangen Grenzstreit zwischen den beiden Ländern beendet. Nigerianische Aufständische hatten jedoch immer wieder versucht, die vom Internationalen Gerichtshof in Den Haag bereits 2002 angeordnete Übergabe aufzuhalten. Dutzende von Menschen starben in Gefechten um die Kontrolle über die Halbinsel vor der zentralafrikanischen Westküste. Der wirtschaftliche Hintergrund: Im Golf von Guinea werden bis zu zehn Prozent der weltweiten Öl- und Gasvorkommen vermutet.

Abenteuerliche Geschichten aus diesem Seegebiet reichen weit zurück. So wie die des englischen Seglers BIRD GALLEY, der am späten Nachmittag des 1. April 1719 voller Waren aus Holland mit auflaufender Flut die Mündung des Flusses Moro anlief und dort den Anker fallen ließ. Eine Stunde später würde nach kurzer tropischer Dämmerung Dunkelheit herrschen.

Ein Stück stromaufwärts lag ein weiteres Schiff vor Anker, was Kapitän William Snelgrave an einem so viel besuchten Handelsplatz aber nicht weiter beunruhigte. Unruhig wurde er erst, als sich bei völliger Dunkelheit ein Boot näherte. Der Kapitän befahl 20 Mann mit Schusswaffen und Entermessern auf das Deck. Doch nichts geschah. Die Männer konnten die Waffenkiste nicht finden. Wie sich später herausstellte, hatte der Erste Offizier Simon Jones sie bei Annäherung des Bootes versteckt, weil er dessen Insassen sofort für Piraten hielt. Er wollte nicht zurück nach England und in die Fesseln seiner unglücklichen Ehe, sondern sich lieber den Piraten anschließen. Der Überfall endete damit, dass die gesamte BIRD GALLEY ein Piratenschiff wurde, während man Kapitän Snelgrave freiließ.

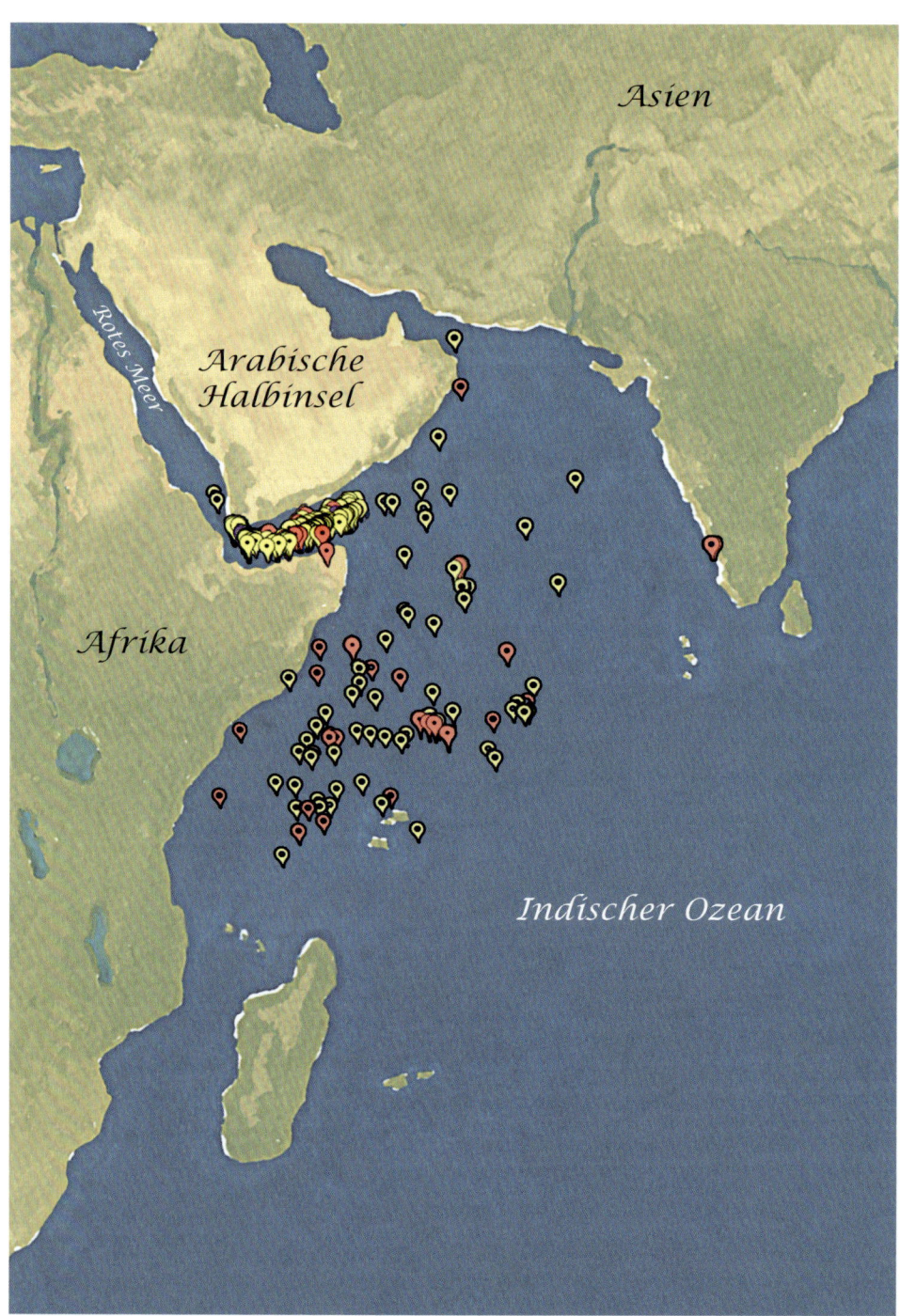

Der weltweite Schwerpunkt für Piratenaktivitäten liegt derzeit am Horn von Afrika, vor der Küste Somalias.   Karte: © Koehlers Verlagsgesellschaft

S omalia: Kriminelle Macht und staatliche Ohnmacht

Das Satellitenfoto zeigt eine traumhafte Küste: weiße Strände, blaues Meer, Palmen. Auf den Strand gezogen liegen knapp zwei Dutzend lange, hölzerne Boote. Menschen und eine Ansiedlung sind nicht zu sehen. Die nächste Stadt, der nächste Hafen sind weit entfernt. Eine solch große Zahl von Booten an einem einsamen Uferstreifen lässt darauf schließen, dass es sich um Piratenboote handelt.

Das Foto zeigt das Dilemma der Bekämpfung von Piraten an dieser 2.720 Kilometer langen Küste Somalias. Die Küstenlänge entspricht etwa der Entfernung von Flensburg nach Lissabon. Häfen blockieren, Infrastruktur zerstören, Auslaufen der Boote verhindern lauten die Vorschläge einiger westlicher, oft selbst ernannter »Sicherheitsexperten«. Die Piraten an dieser Küste brauchen weder eine Infrastruktur noch Häfen, sie schieben ihre Boote ins Wasser und gehen auf Kaperfahrt. Werden die Boote zerstört, dann bauen sie neue. Holz gibt es genug, Erfahrung im Bootsbau haben sie, die langen schmalen Boote sind ein seit Generationen bewährter Typ, der früher schon unter Segeln als schnell und hochseetüchtig galt. Mit starken Außenbordmotoren sind sie nur noch schneller geworden. Geht ein Boot mitsamt Außenborder verloren, dann ist ausreichend Geld vorhanden, um einen neuen zu kaufen.

Selbst wenn es in Somalia staatliche Autoritäten gäbe, hätten sie Probleme, diesen langen Küstenstreifen zu überwachen. Aber seit dem Sturz der autoritären Regierung unter Siad Barre im Jahr 1991 gibt es keine staatlichen Autoritäten mehr, befindet sich das Land im Bürgerkrieg. Es gibt zwar seit dem Jahr 2000 eine international anerkannte Übergangsregierung, die Somalia auch in der UNO vertritt. Sie kontrolliert jedoch nur einen Teil des Landes. Der Norden Somalias ist als Somaliland seit 1991 faktisch unabhängig. In weiten Teilen des restlichen Staatsgebietes herrschen lokale Clans und Kriegsherren. Mehrere Gebiete, wie Puntland, Galmudug und Maakhir, streben offiziell nach Autonomie oder Unabhängigkeit. International anerkannt sind sie jedoch alle nicht.

Zur Durchsuchung einer verdächtigen Dau seilt sich ein Boarding-Team von einem Hub-schrauber ab.
(Foto: PIZ EinsFüKdo)

Fast zehn Jahre lang tobte im Land ein Bürgerkrieg, brach die Versorgung der Bevölkerung mit Nahrungsmitteln zusammen, dezimierten die Flotten internationaler Fischer die Fischbestände vor den ungeschützten Küsten, bis die Fischer kein Einkommen mehr hatten. Und hätten sie Fische fangen können, dann hätte als Folge des Bürgerkrieges die Infrastruktur im Lande gefehlt, um sie verarbeiten und damit Geld verdienen zu können.

Piraterie spielt an diesen Küsten eine Rolle, seit Schiffe zwischen Afrika und Asien fahren. Nun lebte sie wieder auf. Zunächst bewaffneten sich die Küstenbewohner, überfielen die ausländischen Fischereiflotten und zwangen sie, eine Art Steuer oder Zoll für ihre Fänge zu zahlen. Doch das blieb nicht lange so.

Nach Angaben des UNO-Umweltprogramms UNEP wird seit 1991 Giftmüll vor Somalia verklappt. Im Jahr 2002 wurden Tausende tote Fische an die somalische Küste geschwemmt. Der Tsunami von 2004 brach zudem zahlreiche Giftmüllfässer auf, deren Inhalt die somalischen Gewässer und Küsten weiter verseuchte. Damit fiel auch diese Einkommensquelle weg.

Kleinere Handelsschiffe, der einheimische Küstenverkehr, waren die nächsten Opfer der einstigen Fischer. Mittlerweile sind die Strukturen professionell geworden. Längst handelt es sich nicht mehr um zufällige Taten mehrerer Bewohner aus Fischerdörfern. Die heutigen Piratenmilizen gehen planvoll vor. Sie haben feste Strukturen, in die jedes Mitglied seine Erfahrung einbringt. Da sind die ehemaligen Fischer mit ihren Kenntnissen über das Meer, da gibt es erprobte und furchtlose Bürgerkriegskämpfer, die zuvor an Land für verschiedene Warlords gekämpft haben, und Technik-Experten, die Navigationsgeräte und Satellitentelefone bedienen. All dieses wirkt so straff organisiert, dass man internationale Organisationen dahinter vermuten muss. Geheimdienste sind längst dabei, mehr über diese Hintermänner herauszufinden, die sicherlich nicht in Somalia sitzen, wahrscheinlich noch nicht einmal in Afrika, sondern wahrscheinlich in einer der großen Wirtschaftsmetropolen der Welt, wo sie als Träger weißer Kragen und dezenter Krawatten hohes Ansehen als finanziell erfolgreiche Geschäftsleute genießen. Welcher Wirtschaftszweig ist schon erfolgreicher?

Um die Piraterie wirklich bekämpfen zu können, wollen die USA künftig diese Hintermänner ins Visier nehmen. Außenministerin Hillary Clinton kündigte an, gegen sie in der gleichen Art vorgehen, wie gegen islamische Extremisten: »Wir frieren die Guthaben von vielen staatenlosen Gruppen ein«, sagte sie. »Wir stellen fest, dass Piraten immer ausgefeiltere Ausrüstung und immer schnellere Boote kaufen.« Dafür seien Finanztransfers nötig, die es zu unterbrechen gelte.

Die bisherigen Schritte im Kampf gegen die Seeräuberei hält die Politikerin nicht für ausreichend. »Die Piraten sind Kriminelle, es sind bewaffnete Banden auf hoher See. Wer Angriffe plant, muss gestoppt werden. Wer sie ausführt, muss von der Justiz abgeurteilt werden.«

Man habe zwar mit einem Verbrechen aus dem 17. Jahrhundert zu tun, doch dagegen müsste man die Mittel des 21. Jahrhunderts einsetzen.

Auf die Frage, inwieweit Deutschland die Hintermänner unter Druck setze, bestritt die damalige Koordinatorin der Bundesregierung für die maritime Wirtschaft, Dagmar Wöhrl, generell die Existenz internationaler Organisationen, räumte aber ein, dass es sich um organisierte Kriminalität handle. Für wichtiger hält sie die Stabilisierung der Küstenregionen Somalias, um der Piraterie die Attraktivität zu nehmen.

Von einem Marineschiff aus startet ein Schlauchboot zur Überprüfung eines Schiffes, das verdächtigt wird, Mutterschiff für Piraten zu sein. (Foto: US-Navy)

Als Gegenreaktion auf die Angriffe erkauften sich Reedereien zeitweise gewissermaßen Durchfahrtsrechte. Sie statteten ihre Kapitäne in einigen Fällen mit gut gefüllten, rot gestrichenen Geldkoffern aus, die über Bord geworfen wurden, wenn bewaffnete Schnellboote nah genug herangekommen waren. Schwimmkörper hielten sie über Wasser. Damit niemand von der Besatzung das Geld für sich behalten konnte und hinterher behauptete, es sei Piraten zugeworfen worden, mussten die Besatzungen die Angriffe fotografieren und die Bilder als Beleg präsentieren. Als ein so risikoloses Geschäft blühte die Piraterie auf und zog junge Männer aus der gesamten Region an.

In Deutschland nahm man die zunehmende Piraterie in dieser Region zunächst kaum zur Kenntnis und wenn, dann romantisch verbrämt, als einen Kampf ausgebeuteter und chancenloser einheimischer Fischer um ihre Existenz. Niemand wun-

Von den eingesetzten Fregatten aus können auch Soldaten mit schnellen Schlauchbooten die Kontrollen vornehmen.   (Foto: US-Navy)

derte sich, dass Fischer, die zuvor nicht einmal in der Lage waren, kleine Fischtrawler aus ihrem Revier zu vertreiben, plötzlich große Frachtschiffe kapern und für die Mannschaften Lösegelder in Millionenhöhe fordern konnten.

In der deutschen Öffentlichkeit war dies ein Geschehen, das sich in einer weit entfernten Region abspielte und das man auch in den Medien kaum zur Kenntnis nahm. Das änderte sich erst am 28. Mai 2008. Gegen zwölf Uhr mittags raste ein hoch motorisiertes Schnellboot mit vier Männern an Bord an den 120 Meter langen Massengutfrachter LEHMANN TIMBER heran, der im Golf von Aden Kurs auf den Suezkanal hielt. Das Schiff gehört der Lübecker Reederei Karl Lehmann KG, es ist unter der Flagge von Gibraltar registriert und hatte eine Besatzung von 15 Mann. Der Kapitän war ein Russe, die vier Offiziere stammten aus der Ukraine und die zehn weiteren Seeleute kamen aus Burma

Das Foto zeigt, wie gefährlich der Auftrag der Soldaten ist. Von ihrem Boot und dem Blick knapp über der Wasseroberfläche aus haben sie keinen Überblick, was die Mannschaft an Bord der Dau unternimmt.

(Foto: US-Navy)

US-Soldaten bei der Annäherung an ein verdächtiges Boot. Sie sichern sich mit der Waffe im Anschlag gegen Angriffe. (Foto: US-Navy)

und Estland. Angesichts der schwer bewaffneten Piraten konnte die Besatzung des Frachters nur noch einen Notruf über UKW-Funk absetzen, der von einem knapp 27 Seemeilen entfernt fahrenden Schiff aufgefangen wurde. Darin teilte die LEHMANN TIMBER ihre genaue Position mit. Der Notruf endete mit der Ankündigung, die Geschwindigkeit zu reduzieren. Das war die letzte allgemein verbreitete Nachricht von Bord. Man wusste nur, die Piraten hielten das Schiff vor der Hafenstadt Eyl im Norden Somalias fest. Bei Temperaturen von 39 Grad harrten die Seeleute als Geiseln an Bord aus, während im Hintergrund Verhandlungen um ihre Freilassung liefen. Doch Details erfuhren weder sie noch die Öffentlichkeit.

Die verdächtige Bootsbesatzung ergibt sich bei Annäherung der bewaffneten Soldaten.
(Foto: US-Navy)

In die Verhandlungen war auch das Auswärtige Amt eingeschaltet, sie dauerten 41 Tage. Dann ließen die Piraten Schiff und Seeleute frei. Über ein Lösegeld wurde offiziell nicht gesprochen, später sickerte aus Schifffahrtskreisen in Nairobi durch, die Piraten hätten 750.000 Dollar erhalten.

Die Deutsche Marine war von dem Überfall unterrichtet, befasste sich aber nicht näher damit, wie ein Sprecher des Flottenkommandos in Glücksburg sagte. Die deutschen Kriegsschiffe kontrollierten seinerzeit zwar im Rahmen der »Operation Enduring Freedom« die internationalen Seegewässer vor Somalia. Die Besatzung der dort zu jener Zeit eingesetzten Fregatte EMDEN durfte dem Bundestagsmandat zufolge aber nicht aktiv gegen Piraten vorgehen, sondern hatte nur den Auftrag, Terroristen abzuwehren. Einsätze gegen Piraten seien nur im Fall der Nothilfe erlaubt, sagte ein Sprecher des Einsatzführungskommandos in Potsdam. So hatte die Fregatte EMDEN einen Monat zuvor mit Panzerfäusten und Kalaschnikows bewaffnete somalische Freibeuter erfolgreich von einem japanischen Öltanker und einem amerikanischen Kreuzfahrtschiff vertrieben. Die LEHMANN TIMBER aber habe sich während des Überfalls nicht in Reichweite der Bundeswehr befunden, sagte der Sprecher weiter.

Die Rechtsgrundlage der Deutschen im Kampf gegen die Piraterie am Horn von Afrika änderte sich am 10. Dezember 2008. Da beschloss der Deutsche Bundestag, sich mit einer Fregatte der Deutschen Marine an der EU-Mission Atalanta zu beteiligen.

Zuvor hatte die somalische Übergangsregierung im Februar 2008 vor dem Hintergrund der eigenen Machtlosigkeit bei der Bekämpfung der Piraterie den Sicherheitsrat der Vereinten Nationen um Unterstützung bei der Bekämpfung der Piraterie gebeten. Der Sicherheitsrat forderte daraufhin die internationale Gemeinschaft auf, Maßnahmen zur Piraterieabwehr auch in den Hoheitsgewässern Somalias zu ergreifen. Erst am 2. Dezember hat der UN-Sicherheitsrat mit der Resolution 1846 (2008) die Ermächtigung zum Vorgehen gegen Piraterie in somalischen Hoheitsgewässern um 12 Monate bis zum 2. Dezember 2009 verlängert. Der Rat der Europäischen Union hat zur Umsetzung dieses Auftrags am 10. November 2008 die Operation Atalanta beschlossen. Es ist die erste maritime Mission der Europäischen Union und sie läuft unter dem vollständigen Namen EU NAVFOR/Operation Atalanta.

Für den Namen Atalanta stand eine jungfräuliche Jägerin aus der griechischen Mythologie Pate, daran beteiligt sind Deutschland, Belgien, Spanien, Frankreich, Griechenland, die Niederlande und Großbritannien.

Vorrangig werden Schiffe geschützt, die im Rahmen des Welternährungsprogrammes (WEP) Hilfsgüter nach Afrika bringen. Darüber hinaus auch andere Schiffe mit humanitären Hilfsgütern, Schiffe unter EU-Flagge, Schiffe teilnehmender Nationen und andere Fahrzeuge im Rahmen der vorhandenen Möglichkeiten.

Mitte Juni 2009 entschieden die EU-Außenminister in Luxemburg, die Mission Atalanta um weitere zwölf Monate zu verlängern.

Diese Mission hatte im Dezember 2008 Erfolg versprechend begonnen. Wenige Tage, nachdem die deutsche Fregatte KARLSRUHE im Operationsgebiet vor der afrikanischen Küste eingetroffen war, meldete sie einen ersten Erfolg. Der ägyptische Tanker WADI AL ARAB war von Piraten angegriffen, aber noch nicht geentert worden. Er hatte jedoch einen Notruf gesendet, auf den die beiden deutschen Fregatten KARLSRUHE im Rahmen der Operation Atalanta und die Fregatte MECK-

LENBURG-VORPOMMERN von der Operation Enduring Freedom reagierten. Bei dem Versuch, den Tanker zu entern, war ein Ägypter verletzt worden.

Schon kurz nach dem Notruf traf der Bordhubschrauber der KARLSRUHE über dem Tanker ein. Unter dem Eindruck der knatternden Rotorblätter und der deutlich sichtbaren Bordwaffen gaben die Piraten auf und flüchteten. Der verletzte ägyptische Seemann wurde von einem weiteren Bordhubschrauber auf die KARLSRUHE geflogen und dort ärztlich behandelt.

In der Öffentlichkeit entstand nach diesem erfolgreichen Einsatz der Eindruck, allein die Anwesenheit internationaler Kriegsschiffe könnte Seeräuber abschrecken. Doch das blieb nicht lange so, die Situation eskalierte von Überfall zu Überfall. Die Piraten zeigten zunehmend die Professionalität trainierter Kämpfer, sie ließen sich nicht einfach verdrängen, sondern testeten offensichtlich aus, wie weit die Befugnisse der Marineschiffe reichen. So steuerten im Dezember im Golf von Oman zwei Schnellboote auf das deutsche Kreuzfahrtschiff ASTOR zu, obgleich mit der Fregatte KARLSRUHE aus der Operation Enduring Freedom ein Marineschiff in Sichtweite lag. Die Fregatte schob sich zwischen die Schnellboote und das Passagierschiff. Die Boote behielten trotzdem ihren Kurs bei. Erst nach Warnschüssen aus einem Maschinengewehr drehten sie ab.

Im März nahmen Piraten von einem Schnellboot aus sogar das zur Deutschen Marine gehörende Versorgungsschiff SPESSART unter Feuer. Deutsche Marinesoldaten auf dem ansonsten von einer zivilen Crew gefahrenen Schiff erwiderten das Feuer und konnten die Angreifer abwehren. Da der Versorger für eine solche Aktion nicht ausgerüstet war, nahm ein spanisches Marineschiff die Verfolgung auf und konnte sieben der Angreifer festnehmen. Sie wurden auf die Fregatte RHEINLAND-PFALZ gebracht.

Angesichts der gestiegenen Zahl von Piratenangriffen vor der Küste Somalias und im Golf von Aden sowie der Übergriffe im Beisein von Marineschiffen und sogar des Angriffs auf ein Marineschiff stellt sich die Frage, ob die Mission Atalanta überhaupt zu einem Erfolg führen kann.

Die Generalsekretärin der Internationalen Handelskammer (ICC Deutschland) in Berlin ist Angelika Pohlenz. Die ICC Deutschland gehört zur International Chamber of Commerce (ICC), die auch das International Maritime Bureau (IMB) mit seinem IMB Reporting Center betreibt.

Für die Generalsekretärin steht die militärische Operation keineswegs in Frage: »Grundsätzlich zeigen die Zahlen, dass es den Piraten durch die verstärkten Patrouillen immer seltener gelingt, Schiffe zu entführen. Aus Sicht der Internationalen Handelskammer (ICC) ist es daher unabdingbar, dass die Marineoperationen weiter fortgesetzt werden.«

Ein Boarding-Kommando hat die Besatzung eines verdächtigen Schiffes am Bug zusammen-getrieben und beginnt mit der Überprüfung. (Foto: US-Navy)

Angelika Pohlenz sieht aber auch die Probleme des Einsatzes: »Das Gebiet, das die Marineschiffe sichern sollen, ist so groß wie das Mittelmeer und das Rote Meer zusammen. Deshalb können die Piraten bei verstärktem Druck ihre Aktivitäten jederzeit in andere Gebiete verlagern.« Im Einsatzgebiet patrouillieren derzeit 15 Marineschiffe, neun unter der Flagge von EU-Staaten. Als die Deutsche Marine ihren Einsatz im Dezember 2008 begann, gab es Stimmen von Militärexperten, die meinten, mindestens 500 Schiffe seien notwendig, um diesen riesigen Seeraum wirklich kontrollieren zu können.

Dass mehr Anstrengungen notwendig sind, drückt auch Kapitän Pottengal Mukundan, Direktor des International Maritime Bureau der ICC, aus: »Wir begrüßen die aktuellen Bemühungen, das Piraterieproblem vor den Küsten Somalias zu lösen. Es ist aber wichtig, dass viele Regierungen damit fortfahren, weitere Ressourcen in der Region bereitzustellen. Nur Marineeinheiten der verschiedenen Staaten sind in der Lage, effektiv auf die Pirateriebedrohung zu antworten und die Sicherheit der maritimen Handelsroute wieder herzustellen«.

Diese Aufforderungen verhallten nicht ungehört. Inzwischen hat sogar das weit entfernte China seine beiden Zerstörer WUHAN und HAIKOU gemeinsam mit dem Versorger WEISHANHU aus dem Hafen Sanya in den Golf von Aden entsandt. An Bord sind 800 Soldaten, unter ihnen 70 Angehörige von Spezialkräften. Sie sollen zunächst drei Monate bleiben. Es ist das erste Mal seit 500 Jahren, dass chinesische Militärschiffe außerhalb der eigenen Hoheitsgewässer eingesetzt sind. Ihr

Auftrag lautet, Handelsschiffe aus Hongkong, Macao und China sowie internationale Hilfstransporte zu schützen.

Laut chinesischer Darstellung wurden im vergangenen Jahr sieben Schiffe der fernöstlichen Nation angegriffen, ein Fischtrawler samt seiner Besatzung ist noch immer in den Händen der Piraten. Marineexperten sehen in dem chinesischen Vorgehen aber nicht nur ein Bemühen, die Schiffe des Landes zu schützen, sondern auch ein neues, offensiveres Auftreten des Landes auf den Meeren. Zumal auch schon der Bau eines eigenen Flugzeugträgers geplant ist. Um eine Basis für internationale Einsätze zu haben, verhandelte China mit afrikanischen Staaten über Anlaufrechte in ihren Häfen.

Der zunehmende militärische Druck ließ die Piraten jedoch recht unbeeindruckt. Sie stellten ihre Angriffe keineswegs ein oder verlagerten ihr Operationsgebiet an andere Küstenabschnitte, sondern weiter hinaus auf die hohe See. Aus der IMB-Statistik geht hervor, dass sich die Piratenüberfälle von der nordöstlichen Küste Somalias hin zum Golf von Aden verlagert haben. Alle Vorkommnisse im Golf von Aden ereigneten sich demnach auf der östlichen Seite des Golfs und werden somalischen Piraten zugeordnet. Auch eine interaktive Karte des IMB (http://www.icc-ccs.org/) macht diese Entwicklung deutlich.

Um weitab von der Küste operieren zu können, rüsten die Piraten mittlerweile hochseetüchtige Fischereitrawler als Mutterschiffe aus, die als Basis für die kleinen Schnellboote dienen. Das Frachtschiff SHANGHAI VENTURE wurde Mitte März 500 Kilometer vor der Küste Ostafrikas von Piraten angegriffen und mindestens 90 Mal beschossen. Auch in diesem Fall konnte die Besatzung den Überfall abwehren und so machte dieser Fall in den deutschen Medien keine Schlagzeilen.

Fälle wie jener der SHANGHAI VENTURE sind jedoch keineswegs ein Beispiel dafür, dass die Piraten auf der hohen See schlechtere Chancen haben. Das zeigte sich, als im vergangenen Jahr der Tanker SIRIUS STAR geentert wurde. Er fuhr zu dem Zeitpunkt auf einem Kurs 800 Kilometer von der nächsten Küste entfernt im Indischen Ozean. Damit sind auch die bisherigen Sicherheitsempfehlungen hinfällig geworden, möglichst großen Abstand zu den Küsten zu halten.

Als Reaktion auf die Überfälle empfahl die Einsatzleitung der EU-Mission Atalanta den Reedern, ihre Schiffe in Gruppen fahren zu lassen. Umgangssprachlich wurde daraus in den Medien der Begriff Konvoi. Das weckt Erinnerungen an den Zweiten Weltkrieg, als Schiffe zwischen Amerika und Europa in Geleitzügen fuhren, um sie gegen deutsche Angriffe von U-Booten und Flugzeugen zu schützen. Diese Konvois waren an den Flanken von großen Kriegsschiffen geschützt, über ihnen sicherten Flugzeuge den Luftraum. Doch selbst solche Konvois waren angreifbar. Anders stellt sich die Situation am Horn von Afrika dar. Dort werden die das Seegebiet passierenden Schiffe lediglich zu Gruppen zusammengefasst, den so genannten »Group Transits«. Auf diese Weise können die gegen Piraten eingesetzten Kriegsschiffe einen Überblick darüber behalten, wo zu welchem Zeitpunkt überhaupt Frachter unterwegs sind. Für einen wirksamen militärischen Schutz solcher Gruppen, die den Geleitzügen des Krieges vergleichbar wären, reichen die Militärkräfte am Horn von Afrika nicht annähernd aus.

Dieses Hintergrundwissen ist wichtig, um zu verstehen, wie sich die Entführung des Tankers LONGCHAMP im Januar 2009 abspielte, zu der deutsche Zeitungen in großen Schlagzeilen titelten: »Deutscher Tanker aus Konvoi entführt!« Der Kommentar einer großen deutschen Tageszeitung endete mit den Worten: »Wenn die LONGCHAMP tatsächlich als Teil eines Konvois angegriffen und entführt wurde, stellt das allerdings die bisherige Praxis des Anti-Piraten-Einsatzes infrage.«

Dies sind die Tatsachen: Am 29. Januar 2009 fuhr der Tanker LONGCHAMP mit einer Ladung von 2.730 Tonnen Vinylchlorid-Monomer und 13 Mann Besatzung an Bord vor der Südküste des Jemen, etwa 95 Kilometer von Al-Mukalla, der Hauptstadt der Region Hadramaut, entfernt. Das 100 Meter lange und 16 Meter breite Schiff wurde vom Hamburger Eigner MPC Steamship an BS Shipmanagement verchartert und ist an eine liberianische Reederei unterverchartert. Voll beladen hatte das Schiff nur noch einen Freibord von 1,50 Meter. Die sind leicht zu überwinden.

Der Kapitän auf dieser Fahrt war Indonesier, zwölf Besatzungsmitglieder stammten von den Philippinen. Das Schiff befand sich auf dem Weg von Norwegen nach Vietnam und hatte sich nach Angaben von MPC einer Flotte von Schiffen angeschlossen, die von indischen Marineeinheiten begleitet wurde. Gegen 3.40 Uhr Bordzeit rasten sieben somalische Piraten in einem Schnellboot heran und feuerten heftige Salven ab.

Der Kapitän setzte einen Notruf ab, den die Wache auf der Kommandobrücke der indischen Fregatte BEAS auffing. Das indische Kriegsschiff eilte dem Tanker zu Hilfe, doch obgleich es die Piraten unter Beschuss nahm, enterten diese die Bordwand. Der wachhabende indische Offizier bot an, den Flüssiggastanker gewaltsam zu befreien, doch das lehnte der Kapitän der LONGCHAMP wegen der gefährlichen, hochexplosiven Ladung seines Schiffes ab.

Den Piraten habe er klar gemacht, dass sie im Fall einer Berührung mit der Ladung innerhalb von einer Woche an Krebs erkranken und innerhalb von zwei Jahren daran sterben könnten. Ferner bestehe die Gefahr einer schweren Beschädigung des Schiffes, wenn Sauerstoff in die Spezialtanks geriete. Bei einer gewaltsamen Eskalation bestehe Gefahr für Leib und Leben. Die Piraten sollen nach dieser Eröffnung den Eindruck gemacht haben, das Schiff so schnell wie möglich wieder loswerden zu wollen.

Widersprüche gibt es um die Frage, ob die LONGCHAMP wirklich aus einem geschützten Bereich heraus überfallen wurde. Ein Sprecher des Einsatzführungskommandos in Potsdam sagte, der Tanker habe nicht auf seinen »group transit« gewartet. Offenbar gab es Missverständnisse um die korrekte Anmeldung. Kapitän und Shipmanager hätten irrtümlich angenommen, dass E-Mails mit Positionsmeldungen an die UKMTO, die Koordinationsstelle der britischen Marine für die alliierten Kräfte der Region UK Royal Navy's Maritime Trade Organisation (UKMTO) in Dubai, als Anmeldung ausreichend seien. Der Frachter sei aber nicht in der Schiffsliste für den Golf von Aden geführt worden. Dazu wäre eine Eintragung in die Datenbank der EU Naval Maritime Force Somalia per Kontaktformular erforderlich gewesen. So kompliziert ist die Bürokratie, um sich gegen Piraten schützen zu können.

Noch am Abend des 29. Januar 2009 erreichte die entführte LONGCHAMP somalische Küstengewässer. Zwei Tage später begannen Gespräche zwischen den Entführern und der Reederei Bernhard Schulte Shipmanagement in Hamburg.

Die Verhandlungen gestalteten sich zäh. Erst am 28. März 2009 teilte die Reederei mit, die Entführer hätten den Gastanker und seine 13 Besatzungsmitglieder freigelassen. Kapitän und Crew des Tankers hätten wieder das Kommando übernommen. Alle Besatzungsmitglieder seien wohlauf und unversehrt. Das Schiff werde seine Reise zum ursprünglichen Ziel nach Vietnam fortsetzen. Angaben über eine Zahlung von Lösegeld machte die Reederei nicht. Das »Hamburger Abendblatt« berichtete jedoch, offenbar sei ein Lösegeld gezahlt worden. Die Höhe sei aber nicht bekannt. Entlang der Küste sprach man davon, die Entführer hätten 4,7 Millionen Euro verlangt. Ob sie diese in voller Höhe erhalten hatten, wurde jedoch nicht bekannt.

Deutsche Marinesoldaten haben eine Piratengruppe in ihrem Boot festgenommen und bringen sie zur deutschen Fregatte RHEINLAND-PFALZ. (Foto: PIZ Marine)

Auch die hohen Bordwände der FAINA hinderten die Piraten nicht daran, das Schiff von ihren kleinen Booten aus zu entern.

(Foto: US-Navy)

F AINA: Ein Frachter voller Panzer als Piratenbeute

Als die Seeräuber an Bord waren, ließen sie sich auch von einem in der Nähe schwebenden Militärhubschrauber nicht mehr vertreiben. (Foto: US-Navy)

»Piratenbeute – ein Schiff voller Panzer«, lauteten die Schlagzeilen Ende September 2008. Es war ein politisch pikanter Vorgang. Das ukrainische Frachtschiff FAINA, das laut einer Meldung der russischen Nachrichtenagentur Interfax 31 Panzer vom sowjetischen Typ T-72 sowie Raketenwerfer, Handfeuerwaffen und Ersatzteile für Panzerfahrzeuge mit Ziel Mombasa an Bord hatte, war von drei Schnellbooten angegriffen worden. Obgleich das Schiff voller Kriegswaffen und Munition steckte und in einem Gebiet fuhr, das für seine Piratenangriffe berüchtigt ist, hatte es

Piraten und Geiseln auf der gekaperten FAINA, einem Schiff voller Panzer.

keine besonderen Schutzmaßnahmen ergriffen. An Bord waren 20, überwiegend ukrainische Seeleute unter Führung ihres russischen Kapitäns Wladmir Kolobkow.

Als sich drei Schnellboote voll bewaffneter Männer der FAINA näherten, konnte der Kapitän weder flüchten noch ausweichen. Sein Schiff war dafür mit seiner Höchstgeschwindigkeit von 15 Knoten einfach zu langsam. So blieb ihm nur, per Funk seine Position durchzugeben und den Überfall zu melden. Als die Piraten tatsächlich sein Schiff enterten, brach Wladmir Kolobkow mit einem tödlichen Herzinfarkt zusammen. Den toten Kapitän warfen die Somalier nicht einfach über Bord, sie legten ihn in ein Kühlfach, damit seine Angehörigen ihn noch bestatten können.

(Foto: US-Navy)

Nachdem die Piraten das Schiff in ihrer Gewalt hatten, gingen sie wie üblich vor und durchsuchten seine Ladung. Sie sagten später in einem Satellitentelefongespräch mit Medienvertretern, sie seien selbst überrascht gewesen, welchen Fang sie dort gemacht hatten. Die Panzer waren zwar nicht mehr die neuesten, die Fertigung dieses Typs hatte in der Sowjetunion 1972 begonnen. Als Lizenzbauten rollten sie auf ihren Gleisketten später auch in Polen, der CSSR und Jugoslawien aus den Werkshallen. Von 1980 an wurden sie auch in Indien produziert. Militärexperten schätzen, insgesamt seien wohl 30.000 Panzer dieses Typs gefertigt worden. Angeblich sollen in Russland noch 7.400 dieser Fahrzeuge im Dienst stehen.

Während die Piraten mit der FAINA Kurs auf den somalischen Hafen Hobyo nahmen und dabei Kriegsschiffe wie der amerikanische Zerstörer USS HOWARD unter Kapitän Curtis Goodnight folgten, rätselte die Weltöffentlichkeit über die Hintergründe der Ladung und ihrer Bestimmung.

Offiziell hieß es, die Panzer seien aus der Ukraine für Kenia bestimmt. Aber dann mehrten sich die Hinweise, die Panzer sollten von Kenia aus in das Krisengebiet des Nachbarlandes Sudan geschleust werden. Dort kämpfen Rebellen der Sudanesischen Volksbefreiungsarmee (SPLA) seit 21 Jahren gegen die Zentralregierung in Khartum für ihre Unabhängigkeit.

Es folgten fieberhafte diplomatische und geheimdienstliche Aktivitäten, mehrere US-Marineschiffe hatten die FAINA ständig im Blick, um notfalls verhindern zu können, dass die kriegerische Ladung von den Piraten an Land gebracht wurde.

Nachdem die Piraten die FAINA freigegeben hatten, versorgten Besatzungsmitglieder des US-Versorgers CATAWBA die freigelassenen Geiseln mit Trinkwasser, Lebensmitteln und Kleidung.
(Foto: US-Navy)

Die unterdessen laufenden Verhandlungen um Lösegelder und die Freilassung von Schiff sowie Seeleuten liefen zäher als sonst. Während von der Kaperung bis zur Freilassung üblicherweise erfahrungsgemäß etwa zwei Monate vergehen, rechnete man in diesem Fall wegen der zahlreichen Spekulationen und Intrigen um die strategische Fracht mit noch zäheren Unterhandlungen. Wegen der brisanten Ladung verlangten die Seeräuber zunächst ein Lösegeld von 20 Millionen Euro.

In diesem Fall dauerte es mehr als vier Monate, bis die erlösende Nachricht kam, die FAINA sei wieder frei. Sie nahm Kurs auf den Bestimmungshafen Mombasa. Dort erwarteten sie außer Vertretern der ukrainischen und russischen Botschaften auch kenianische Regierungs- und Militärvertreter. Die Seeleute machten bei ihrer Ankunft einen erschöpften und müden Eindruck. Mehrere von ihnen trugen die Kleidung amerikanischer Matrosen, die sie nach der Freisetzung des Schiffes als erste versorgt hatten.

In Kiew hieß es später von Seiten der ukrainischen Präsidialverwaltung, die Freigabe sei durch eine »sehr komplizierte« Aktion des ukrainischen Geheimdienstes gemeinsam mit ausländischen Partnern zustande gekommen. Was die Aktion so kompliziert machte und wer die ausländischen Partner waren, darüber hüllten sich die Regierungskreise in Schweigen.

In der Ukraine wurde die Freilassung der Geiseln zum Politikum. Weil es dem Land finanziell schlecht geht und es im Haushalt keinen Posten für »Lösegeld« gäbe, habe man sich an Stiftungen gewandt, hieß es aus dem Präsidentenpalast. Die Stiftung von Viktor Pinchuk, dem reichsten Mann der Ukraine, zahlte einen Großteil des Lösegelds für die ukrainischen Matrosen. Auch die oppositionelle »Partei der Regionen« hatte einen Geldfonds gebildet, um die Freilassung der Besatzung des ukrainischen Frachters FAINA durch somalische Piraten zu erreichen.

Nina Karpatschewa, die Ombudsfrau des Parlaments der Ukraine, forderte eine Untersuchung der FAINA-Affäre, ihr schloss sich Premierministerin Julija Timoschenko an. Das ist kein Wunder, kämpft Timoschenko doch gegen Präsident Wiktor Juschtschenko – dessen Getreue im Geheimdienst SBU sich seit langem finanzieren, indem sie das Waffenerbe der Sowjetunion fast in alle Welt verscherbeln.

Außenpolitisch war der Fall FAINA eine Blamage für die Ukraine, denn Russland, der übermächtige Nachbar, hatte vorsorglich die Fregatte NEUSTRASCHIMY (»Der Furchtlose«) in Richtung Somalia geschickt. Die Ukraine selbst besitzt kein Schiff, das für eine derartige Mission geeignet wäre. Wäre es den Russen gelungen, die Matrosen zu befreien, hätten sie nach ihrer Invasion in Georgien ihren Nimbus aufpoliert und ein weiteres Mal demonstriert, wer das Sagen hat in dem Gebiet, das früher einmal Sowjetunion hieß.

Der Tanker SIRIUS STAR liegt tief im Wasser und fährt langsam. So wurde er für Piraten zur leichten Beute. (Foto: US-Navy)

SIRIUS STAR: Größte Beute – ein Tanker voller Öl

Voll beladene Tanker liegen tief im Wasser, der Freibord ist mit etwa zehn Meter gering, die Geschwindigkeit niedrig und es dauert lange, bis sie auf Veränderungen der Ruderlage reagieren. Es sind keine Schiffe, mit denen man flüchten kann. Das erkannten auch die Piraten, die am 15. November 2008 den saudischen Tanker SIRIUS STAR in ihre Gewalt brachten und damit sogar die heimliche Bewunderung von Seeleuten erregten, die sonst nicht gut auf Seeräuber zu sprechen sind.

»Die haben den Jackpot geknackt«, meinte nach der Tat Andrew Mwangura vom Verband ostafrikanischer Seeleute (East African Seafarers' Association). Seine Organisation beobachtet seit Jahren die Piraterie in der Region. Mwangura hat exzellente Nachrichtenkanäle, er bezieht seine Informationen von Seeleuten aus der Region, von Familienmitgliedern der Besatzungen und der Piraten.

Die SIRIUS STAR ist das größte Schiff, das jemals Piraten in die Hände fiel. Es ist 332 Meter lang, hat eine Tragfähigkeit von 318.000 Tonnen, das reicht für eine Ladung von zwei Millionen Barrel Öl. Die südkoreanische Daewoo Werft hatte den Neubau erst neun Monate vor dem Überfall an die Reederei Vela International Marine Ltd. abgeliefert, eine Tochtergesellschaft des staatlichen saudi-arabischen Mineralölunternehmens Saudi Aramco. Das Schiff soll eine Reihe Vorrichtungen an Bord gehabt haben, um Piratenangriffe abwehren zu können. Worum es sich dabei im Einzelnen handelte, darüber schweigen die Eigner jedoch.

Basis für den Überfall war ein ebenfalls gekaperter nigerianischer Hochseeschlepper. Von dort aus startete eine Handvoll Männer ihren Überfall in allerbester Art eines Kommandounternehmens. Das nötigte sogar Marineadmiral Mike Mullen, dem ranghöchsten US-Militär in der Region, Respekt ab: »Die sind wirklich gut. Gut bewaffnet und taktisch geschickt. Wenn die erst mal an Bord sind, kann man nichts mehr tun – dann haben sie ja Geiseln in ihrer Gewalt.« Die Geiseln, 25 Besatzungsmitglieder, stammten nach Angaben der saudischen Eigner aus Großbritannien, Kroatien, Polen, den Philippinen und Saudi-Arabien.

Mit dem Überfall auf die SIRIUS STAR war eine neue Stufe der Eskalation erreicht. Was Fachleute beunruhigte: Eigentlich hatte der polnische Kapitän alles richtig gemacht und Kurs weitab von der Küste gehalten, 850 Meilen südöstlich der kenianischen Stadt Mombasa. In diesem Gebiet waren somalische Piraten nie zuvor aktiv.

Die Piraten schlugen unweit der kenianisch-tansanischen Grenze zu und zwangen den Kapitän, Kurs auf die Küstenstadt Harardere zu nehmen, die als Hochburg der Piraten gilt.

US-Soldaten verfolgten aus der Ferne den Weg des Tankers an die somalische Küste, sie griffen aber nicht ein. In den Tanks der SIRIUS STAR befanden sich zwei Millionen Barrel Öl mit einem geschätzten Wert von mehr als 70 Millionen Euro. Da erschien es den Militärs als zu gefährlich, einen Angriff zu starten. Auslaufendes Öl könnte die gesamte Küste in einen schmierigen Teppich verwandeln oder alle Geiseln qualvoll töten, wenn es in Brand geriet.

Ausländische Journalisten haben kaum eine Chance, in der Region Hintergründe zu recherchieren. Zwar gibt es Vertreter von Nachrichtenagenturen, die im Besitz derjenigen Satellitentelefonnummern sind, mit denen sie Männer erreichen können, die eine Funktion wie Pressesprecher haben. Somalische Journalisten haben es da einfacher, sie fallen allein wegen ihrer Hautfarbe nicht auf, sie sprechen die einheimischen Sprachen, sie haben hin und wieder sogar private Bindungen in die Region. Nur eines dürfen sie nicht, wenn ihnen ihr Leben lieb ist. Sie dürfen nach ihrem Besuch in Eyl oder anderen Piratennestern nicht offen in Interviews ihr Gesicht zeigen oder ihre wirklichen Namen nennen. Deshalb möchte ein somalischer Journalist, der eine solche gefahrvolle Recherche unternommen hat, im Gespräch mit ausländischen Kollegen auch nicht gefilmt werden und sich nur Mohammed nennen lassen.

Dieser »Mohammed« schildert, was in Harardere abläuft, wenn die Piraten wieder einmal mit einem gekaperten Schiff vor der Küste auftauchen: »Männer ziehen Anzüge und schicke Schuhe an, werfen Laptops in ihre Landcruiser und fahren zum Hafen, um auf die ankommende Besatzung zu warten.« Sie werden die Verhandlungen mit Reedern und nötigenfalls sogar mit Regierungen um Lösegelder und die Freilassung der Geiseln führen.

Währenddessen bereiten Köche ihre Küchen auf die Zubereitung von Speisen nach dem Geschmack der Seeleute vor. Ihnen soll es an nichts fehlen, schließlich sind sie als Faustpfand ein wichtiger Punkt in diesem Geschäft. Immer wieder berichten die Geiseln, sie seien von den Piraten gut behandelt worden. Jeder Somali, der in der einen oder anderen Funktion mithilft, erhält einen Anteil des Lösegeldes, sobald es geflossen ist.

»Wer von den jungen Männern mit einem Gewehr umgehen kann, übernimmt Wachdienste«, berichtet Mohammed weiter.

»50 Leute sind auf dem Schiff, 50 weitere an Land.«

Der somalische Journalist Mohammed kennt auch die Machtverhältnisse um Harardere. Demzufolge ist es das Territorium des berüchtigten Warlords Mohammed Abdi Hassan Afweyne, der sich keinesfalls vor Interviews scheut und darin gerne mit seinen erfolgreichen Schiffsentführungen brüstet. Im Hauptberuf rüstet Afweyne befreundete Warlords wie Hussein Farah Aydid mit Waffen aus Eritrea auf, die gegen die Übergangsregierung und ihre äthiopischen Verbündeten eingesetzt werden. Auf Seiten der Übergangsregierung von Präsident Abdullahi Yusuf, der aus Puntland stammt, koordiniert der Geschäftsmann Mohammed Jama Furuh das Geschäft mit der Piraterie.

Wie die Organisationsstrukturen der einzelnen Piratenclans funktionieren, das erfuhr der französische Kapitän Patrick Marchesseau, nachdem Piraten sein Segelkreuzfahrtschiff LE PONANT gekapert hatten. Während er darauf wartete, dass die Verhandlungen über das Lösegeld zu einem Ergebnis kommen, hatte er Zeit, sich mit dem Anführer der Piraten zu unterhalten.

Der Piratenchef ist zweiundzwanzig Jahre alt. Sein Vater ist in Mogadischu gestorben, als er dreizehn war, und seine Mutter kennt er nicht.

»Wo lebst du?«

»Auf den Schiffen. Wenn wir eines sehen, greifen wir es an, und das war's. Wir haben nichts in Somalia. Keine Arbeit, kein Geld. Den Rest der Zeit essen wir, Nudeln, Reis und Fisch.«

Der Junge rühmt sich im weiteren Gespräch, ein Schiff pro Monat zu kapern. »Mit vier oder fünf Organisationen haben wir in drei Jahren einhundertvierundfünfzig Schiffe geschafft.«

Das hört sich an, als gehöre der Mann zu einer gut strukturierten Gruppe.

Marchesseau fragte ihn:

»Und du? Zu welcher Organisation gehörst du?«

»Den Costy Guards.«

Diese Gruppe wurde vor sechzehn Jahren gegründet und zählt heute »dreihundert bis vierhundert Personen«. Sie verfügt über etwa hundert Schnellboote. Die Hälfte der Piraten patrouilliert im Roten Meer und auf dem Indischen Ozean. Meistens fangen sie damit an, ein so genanntes Mutterschiff zu entführen, mit dem sie sich dann auf die Suche nach der idealen Beute machen. In diesem Fall war es ein jemenitisches Fischerboot, das Marchesseau schon einige Stunden vor dem Angriff gesehen hatte.

Die Costy Guards erhalten der Erzählung zufolge Unterstützung vom Festland, die hauptsächlich aus Anführern und Fahrern besteht, die sie und ihre Beute bei jedem

Zwischenstopp auflesen. Jedes Mitglied der Gruppe wird innerhalb von sechs Monaten ausgebildet und steigt mit jedem Überfall, an dem es teilnimmt, in der Hierarchie auf. Bei dem Angriff auf die PONANT spielte ein gewisser Ahmed die Rolle des Officer one und ein Adam die des Officer two. Der Mann mit der Bazooka handelt als Technical military und hatte den Auftrag, bei Schwierigkeiten ohne Vorwarnung zu schießen. Dieser Wachmann mit der Kapuzenmütze wird von den anderen bewundert: »Er hat bereits fünf Menschen getötet«, erzählte einer von ihnen.

Ihre Waffen kommen aus der Ukraine. Sie sind frei verkäuflich und für eine Handvoll Dollar zu haben: dreihundert für einen Revolver, eintausendfünfhundert für einen Raketenwerfer, zweitausend für ein Maschinengewehr. Die Costy Guards verfügen außerdem über eine Art internes Regelwerk, das, wenn es nicht respektiert wird, Strafen vorsieht. Sie reichen von Geldstrafen bis hin zum endgültigen Ausschluss aus der Gruppe.

Der Mann gab ein Beispiel: »Hundert Dollar, wenn du zu spät von einem Landgang zurückkehrst, fünfhundert Dollar, wenn du ohne Grund schießt, einen Soldaten angreifst oder nicht gehorchst. Tausend Dollar, wenn du während der Wache einschläfst, tausendeinhundert, wenn du ohne Erlaubnis an Land gehst, zweitausend, wenn du eine Geisel berührst.«

Die kleinste Kritik an der Organisation selbst bewirkt den sofortigen Ausschluss.

Laut der Darstellung des Piraten sei die Organisation überall in Somalia ähnlich.

Aber zurück zu den Vorgängen auf der SIRIUS STAR: Die Unterhändler forderten von der Reederei zunächst eine Summe von 25 Millionen US-Dollar. Dann gab es einige Verwirrung. In Medienberichten hieß es, nach Verhandlungen mit dem somalischen Vizeministerpräsidenten Ahmed Abdulsalam, der zum selben Stamm wie die Piraten gehöre, hätten sie ihre Geldforderung für das Schiff und die Freilassung der Besatzung gesenkt. Die Piraten stritten das öffentlich ab. »Wir haben die Höhe unserer Forderung nicht geändert. Wenn wir sie ändern wollten, müssten alle Beteiligten zustimmen«, sagte der Anführer der somalischen Piraten, Mohamed Said, Medienberichten zufolge.

Mittlerweile gab es Drohungen islamistischer Kämpfer gegen die Piraten. Sie forderten die Freibeuter zur Freigabe des Schiffes auf und drohten mit einem bewaffneten Angriff, da es sich um ein Schiff aus einem islamischen Land handelte. »Wenn die Piraten Frieden wollen, lassen sie den Tanker besser frei«, sagte Scheich Ahmed, ein Sprecher der militanten Shebab-Rebellen in der Region um den Piratenstützpunkt Harardere.

»Wir haben unsere Kämpfer in Stellung gebracht«, so ein Sprecher der Extremisten, Scheich Abdirahim Isse Adow. Als erster Schritt sollten die Versorgungs-

und Kommunikationswege zwischen den Piraten auf dem Schiff und ihren Komplizen an Land unterbrochen werden.

Die Forderung kam von Islamisten, die seit fast zwei Jahren gegen die vom Westen unterstützte Regierung in Somalia kämpfen. Der hohe Wert des gekaperten Supertankers hatte die Rebellen jedoch gespalten: Ein Bewohner Hararderes sagte, eine Gruppe Islamisten sei mit den Piraten zusammengekommen und habe eine Beteiligung an einem Lösegeld gefordert. Es gebe aber noch keine Abmachung. Sowohl Piraten als auch Aufständische haben diese Darstellung jedoch zurückgewiesen.

Nach diesen Drohungen verließen die Piraten mit dem gekaperten Tanker am 24. November 2008 den Ankerplatz vor Harardere »in Richtung hohe See«.

Anfang Januar 2009 erklärte der Präsident Somalias Abdullahi Jusuf Ahmed überraschend, der saudische Supertanker werde in Kürze die somalischen Gewässer wieder verlassen können. Gegenüber der saudi-arabischen Tageszeitung »Al-Ukaz« behauptet Abdullahi, die Piraten hätten auf jegliche Lösegeldzahlung verzichtet. Die Äußerung klang glaubhaft, denn es ist bekannt, dass er zu den heimischen Piraten sogar familiäre Kontakte hat.

Doch sie erwies sich im Nachhinein als falsch. Gezahlt wurden drei Millionen Dollar Lösegeld, die gut verpackt zielgenau über der SIRIUS STAR von einem Kleinflugzeug aus mit einem Fallschirm abgeworfen wurden. Der Anführer der Piraten in Harardere, Mohamed Said, teilte der Nachrichtenagentur AFP kurz dar-

---

Der Einsatz von Schlauchbooten zur Überprüfung von verdächtigen Schiffen wird für die Soldaten oftmals zu einer Belastungsprobe. (Foto: US-Navy)

auf telefonisch mit: »Alle unsere Leute haben die SIRIUS STAR jetzt verlassen. Das Schiff ist frei. Die Besatzung ist frei.« Es gab Gerüchte, das Lösegeld sei vom saudischen Ölministerium gezahlt worden.

Acht Piraten drängelten sich danach mit Beuteln voller Lösegeld in ein kleines Beiboot und fuhren Richtung Strand. Bei der Fahrt zur Küste kenterte jedoch das Boot mit den Piraten – wegen eines heftigen Sturmes, so meldeten es weltweit die Nachrichtenagenturen. Drei Männer konnten sich schwimmend an die Küste retten. Ein Toter wurde Tage später an Land geschwemmt. Noch immer werden vier Piraten vermisst.

Es könnte aber auch ganz anders gewesen sein. Der somalische Pirat Libaan Jaama, einer der Überlebenden, gab in einem Interview auf dem US-Nachrichtensender CNN seine Darstellung des Erlebten. Sie hätten nach dem Fallschirmabwurf das Lösegeld gezählt, dann hätten sie mit ihren Booten von dem Tanker abgelegt. Laut Jaama gab es eine zweite Piratenbande, die Geiselnahme und Lösegeldtransfer von Land aus verfolgte. Sie hätte einen Anteil von der Beute fordern wollen, sagte Jaama. »Deshalb fingen sie an, in die Luft zu ballern, als sich unsere Leute dem Ufer näherten.«

Libaan Jaama weiter: »Als unsere Leute die Schüsse hörten, dachten sie, man wollte sie ausrauben. Also versuchten sie zurück zum Tanker zu kommen. Bei ihrer schnellen Kehrtwende ist das Boot gekentert.« Fünf seiner Komplizen ertranken in den Fluten, mit ihnen verschwand ihr Teil der Beute. Jaama sagte, er trauere um seine Freunde. Seine Erklärung der Vorfälle klingt nicht unglaubhaft, aber es gibt bislang keine weiteren Zeugen, die sie bestätigen können.

Unbestritten ist, dass in der Nähe des Küstenortes Hobyo Plastikbeutel voller Dollarbündel an den Strand geschwemmt wurden. 153 000 Dollar aus dem Lösegeld wurden bei der angespülten Leiche eines ertrunkenen Piraten gefunden. Der unabhängige somalische Rundfunksender Radio Shabelle zitierte einen Anwohner, der Mann habe das Geld in einem Plastikbeutel bei sich getragen. Die Angehörigen suchten weiter nach den anderen vermissten vier Piraten, die zumindest einen Teil des Lösegelds in Höhe von drei Millionen Dollar (2,2 Millionen Euro) an Bord hatten, als ihr Schnellboot kenterte.

Drei Piraten erreichten nach mehreren Stunden schwimmend das Land. Sie waren die einzigen Überlebenden, doch auch ihr Beuteanteil ging verloren, mit der Folge, dass somalische Fischer danach wieder vermehrt ihre Netze auswarfen. Allerdings nicht um Fische zu fangen, sondern in der Hoffnung, dass ihnen weitere Plastikbeutel voller Geld ins Netz gingen.

Welche Folgen der Verlust des Lösegeldes an Land unter den Hintermännern der Piraten hatte, darüber drang nichts in die weltweite Öffentlichkeit. Doch die

Hintermänner des Überfalls werden sicherlich ihre Konsequenzen daraus gezogen haben, dass sie leer ausgingen, weil rivalisierende Piratengruppen versuchten, sich gegenseitig das Lösegeld abzujagen. Und Menschenleben zählen nicht viel in einer Region wie der Küste Somalias.

Für die Freilassung der SIRIUS STAR wurden drei Millionen Dollar Lösegeld gezahlt.
(Foto: US-Navy)

Solche bittenden Figuren standen früher in Hamburger Kirchen und forderten zu Spenden für Seeleute auf, die von algerischen Piraten in die Sklaverei verschleppt worden waren. Nur nach Zahlung von Lösegeldern kamen sie wieder frei. (Foto: Eigel Wiese)

Wie kommt das Lösegeld an Bord?

In seinem Leben hat Jack Cloonan bereits eine Reihe interessanter Jobs gehabt. Ungefährlich waren sie selten. Er gehörte von 1977 bis 2002 als Spezialagent dem New Yorker Büro des FBI an und verfolgte Spione und Terroristen, bis er pensioniert wurde, sein umfangreiches Wissen aber nicht ungenutzt lassen wollte. Deshalb machte er sich selbstständig.

Mit seinem Schnauzbart und den mittellangen dunklen Haaren, die an den Schläfen langsam grau werden, und mit der etwas füllig werdenden Figur eines Mannes von Anfang 60 sieht er eher aus wie ein pensionierter Offizier als ein Mann, dessen New Yorker Firma immer wieder schwierige Aufgaben übernimmt. Zu diesen Aufgaben gehört es, Verhandlungen mit Piraten zu führen und das Lösegeld zu übergeben, wenn sie erfolgreich waren. Bislang war der Ex-FBI-Agent in mehr als 130 Fällen von Geiselnahmen tätig, allerdings nicht nur von somalischen Piraten. Wie viele davon missglückt sind, darüber schweigt er.

Cloonan wird von Behörden angefordert oder auch von Reedern, wenn die Piraten über das Satellitentelefon des Schiffes ersten Kontakt aufgenommen haben. Dann wird er als Unterhändler aktiv. Die Verständigung ist in dieser Phase nicht immer einfach, nicht alle Piraten sprechen ausreichend Englisch, um komplizierte Sachverhalte zu klären. Manchmal müssen Besatzungsmitglieder als Übersetzer einspringen. Sie sind dann eingebunden in das Feilschen um die eigene Freiheit. Die verschiedenen Sprachen an Bord moderner Schiffe, auf denen kaum noch Besatzungen aus lediglich einer Nation fahren, sind in dieser Kommunikation manchmal von Vorteil. So kann Cloonan beispielsweise einen Japaner oder Ukrainer, einen Indonesier oder einen Burmesen anheuern, um bei den Gesprächen einzuspringen. Sie können an die gefangene Besatzung Botschaften in ihrer Heimatsprache übermitteln, die von den Piraten aller Wahrscheinlichkeit nach keiner versteht.

Die Verhandlungen sind reine Nervensache, denn auch die Piraten verstehen sich auf psychologische Tricks. So feuern sie während eines Telefongespräches schon mal einen Schuss ab, um den Eindruck zu erwecken, sie hätten gerade eben eine der Geiseln erschossen.

In seinen Gesprächen muss Cloonan herausfinden, was die Piraten wirklich vorhaben und wie ernst sie es meinen. Werden sie das Schiff auf den Strand setzen? Das würde neben der Gefahr für die Geiseln auch einen wirtschaftlichen Schaden bedeuten, von den Umweltfolgen ganz zu schweigen. Für sie müsste der Reeder aufkommen. Cloonan muss auch darauf bedacht sein, den Gesprächsfaden nicht abreißen und die Piraten nicht die Geduld verlieren zu lassen. All das könnte das Leben der Geiseln gefährden.

Dann geht es um die Höhe des Lösegeldes. Die Piraten steigen oft mit astronomischen Summen ein, die sich langsam reduzieren. Im Fall des saudischen Tankers SIRIUS STAR forderten sie 25 Millionen Dollar und rechtfertigten dies mit den immensen Kosten, beispielsweise für Personal, die die Entführung eines so großen Schiffes verursacht hätten. Zum Schluss der Verhandlungen einigte man sich auf dreieinhalb Millionen.

Schwierigster Punkt ist die eigentliche Übergabe des Lösegeldes, das die Piraten ausschließlich in US-Dollar akzeptieren. Andere Währungen sind für sie so viel wert, wie irgendein bedrucktes Papier. Eine Million Dollar in Hunderternoten wiegt 15 Kilogramm. Bei drei Millionen Dollar ist das ein Gewicht von fast 45 Kilogramm. Es ist ein hohes Risiko, mit so viel Bargeld durch Afrika zu reisen. Cloonan scherzt: »Es wäre nett, wenn die Überweisungen akzeptieren würden. Machen die aber nicht!«

So bleibt die Suche nach einem geeigneten Transportmittel. Je nach den Umständen bleibt die Wahl zwischen einem zielgenauen Abwurf aus einem Hubschrauber oder die Übergabe von einem Boot aus. Liegt das Schiff weit draußen auf See, dann muss ein Schlepper gechartert werden, der den Geldboten bis in die Nähe bringt. Das ist nicht immer einfach. Seit Piraten einen dieser Schlepper ebenfalls gekapert haben, fordern die Schlepperkapitäne einen Gefahrenzuschlag. Der kann fast so hoch sein, wie die eigentliche Lösegeldforderung.

Dann kommt für den Kurier die schwierigste Situation. Allein und unbewaffnet sieht er sich

Ein Bordhubschrauber setzt zur Landung auf einer Marinefregatte an. (Foto: US-Navy)

einer Streitmacht schwer bewaffneter Piraten gegenüber, die hoch über ihm auf einem Schiffsdeck steht, und er weiß nicht, wie sie auf ihn reagieren.

Mittlerweile gibt es Aussagen, die Piraten hätten an Bord sogar Geldzählmaschinen, die automatisch Falschgeld erkennen. Ist alles zur Zufriedenheit gelaufen, dann kann der Kurier zurückkehren, die Piraten räumen das Schiff und übergeben das Kommando wieder an den Kapitän.

Die Herkunft des Lösegeldes ist unterschiedlich. Es stammt teilweise aus den Quellen von Regierungen, teilweise von den Konten der Reedereien, teilweise von Versicherungen. Über den Versicherungsschutz ihrer Schiffe schweigen sich die Reeder meist aus. Zahlen sie die Millionensumme aus eigener Tasche, dann ist diese Summe nach Ansicht des Steuerexperten Lorenz Jarass von der Fachhochschule Wiesbaden von der Steuer absetzbar. »Wenn keine Versicherung einspringt, dann ist

---

Die Figuren waren mit schweren Ketten gefesselt. (Foto: Eigel Wiese)

das eindeutig eine betrieblich bedingte Ausgabe, und die ist absetzbar«, sagt Jarass. Die Frage, ob ein Schiff fahrlässig einem Risiko ausgesetzt wurde, spielt laut Jarass bei der steuerlichen Beurteilung keine Rolle. »Das Finanzamt prüft nicht, ob Ausgaben eines Unternehmens sinnvoll und notwendig waren oder nicht«, sagte er.

Lösegeldzahlungen für gekaperte Besatzungsmitglieder sind keine Erscheinung unserer Zeit.

Im 17. Jahrhundert lauerten Barbaresken vor der nordafrikanischen Küste hanseatischen Schiffen nicht nur im Mittelmeer, sondern manchmal schon vor der spanischen Küste auf. Sie plünderten die Laderäume der Schiffe, aber verschleppten auch ganze Schiffsbesatzungen in die Sklaverei. Frei kam nur jener, für den ein Lösegeld aufgebracht werden konnte.

Als Folge standen bald in Hamburger Kirchen geschnitzte Figuren in demütiger Haltung und mit Ketten gefesselt. Sie erinnerten Gottesdienstbesucher jeden Sonntag erneut daran, wie schnell ein Seemann überfallen, in die Sklaverei verschleppt und günstigstenfalls gegen hohes Lösegeld wieder frei gelassen wurde. Die bittenden Figuren sammelten, damit dieses Lösegeld aufgebracht werden konnte, denn weder die Familie eines einfachen Seemannes noch diejenige eines Schiffsoffiziers oder Kapitäns war in der Lage, die geforderten Summen aufzubringen. Sogar einzelne Hafenstädte, die nicht zu mächtigen Staaten gehörten, waren überfordert, die Sicherheit ihrer zur See fahrenden Bürger zu garantieren oder für ihre Lösegeldforderungen einzustehen. Heute steht eine ganze Gruppe solcher Figuren im Hamburg-Museum.

Als die ersten Lösegeldforderungen seinerzeit in den Hansestädten eintrafen, wurde vierteljährlich für die Opfer der »Türckischen Sklaverey« in den Kirchen gesammelt oder es gingen Sammler von Haus zu Haus. Später reichte man in den Kirchen für die Kollekte Becken herum und sammelte das so genannte »Beckengeld« ein.

Um die Seeleute von den schwankenden Ergebnissen der Sammlungen unabhängig zu machen, schuf die Hamburgische Admiralität 1641 eine »Sklavenkasse«, eine genau festgelegte Versicherung, die den Freikauf ermöglichen sollte. In diese Sklavenkasse kaufte sich jeder Seemann mit einmal zwölf Talern ein. Danach wurde einer Verordnung vom 21. September 1653 zufolge jeweils ein Schilling jeder Mark der Heuer gleich einbehalten und an die Kasse abgeführt. Dafür war einem einfachen Seemann ein Lösegeld von maximal 500 Talern sicher. Reichte die Summe nicht, wurde sie aus den weiterhin bestehenden Sammlungen aufgestockt.

Kapitäne und Steuerleute konnten Mitglieder in der wesentlich teureren »Casse der Stücke von Achten« werden. Sie zahlten vor Antritt jeder Reise eine bestimmte Summe in diese Kasse, und zwar in Stücken zu acht Realen, einer in Kastilien gebräuchlichen Silbermünze, denn die Freikäufe wurden über Spanien abgewickelt. Somit konnte es mehrere Monate dauern, bis ein versklavter Seemann seine Heimat wiedersah. Die Organisation gibt es noch heute. Sie betreibt ein Seefahreraltenheim im Hamburger Stadtteil Othmarschen.

Die Piraten des Mittelmeerraumes hatten regelrechte Tarife für Lösegeldforderungen festgelegt. So verlangten sie für einen Schiffer 1.000 Reichstaler, einen Steuer- oder Zimmermann 700 Reichstaler und für einen Matrosen 60 Reichstaler.

Zwischen 1719 und 1747 haben Piraten aus Algerien 50 Schiffe aus Hamburg aufgebracht und 633 Mann in ihre Gewalt gebracht. Für sie zahlte Hamburg ein Lösegeld von 1,8 Millionen Mark banco, der damals üblichen Währung. Einer von ihnen war der Hamburger Steuermann Claus Petersen. Für ihn hatten die Piraten ein Lösegeld von 1.438 algerischen Piastern gefordert, das sind umgerechnet 3.123 Mark banco. 1.200 Piaster kassierte der Dey von Algier, 120 Piaster betrug der Zoll für das Geld, allein das Abnehmen der Ketten kostete 17 Piaster, der Oberschreiber des Dey hielt acht Piaster und der Türschließer sieben. Viele Menschen haben in Algier an der Gefangennahme und Auslösung christlicher Seeleute verdient.

Wenig geändert hat sich der Nimbus von Freiheit und Abenteuer, der sich schnell um Piraten bildet, damals wie heute. In den Piratennestern entlang der somalischen Küste, die sich mit Hilfe des illegalen Geldes in boomende Geschäftszentren entwickelt haben, fahren die Seeräuber nach Berichten frei gelassener Geiseln neue, schwere Geländewagen. Dem Bedürfnis der Piraten, ihr gefährlich verdientes Geld auch reichlich ausgeben zu wollen, kommen Händler gern nach. Sie bezeichnen Piraten als ihre besten Kunden, als Männer, die teuerste Hemden, Hosen und Uhren kaufen und nicht einmal feilschen. Das zieht Frauen an. »Girls fliegen auf Seeräuber«, sagt einer der Ladenbesitzer, »dem Geruch von teurem Parfüm und Dollarnoten kann keine widerstehen.«

Auch daran hat sich offensichtlich wenig geändert. Klaus Störtebeker heiratete immerhin die Tochter eines Mannes mit Namen Keno ten Brooke. Der war ein einflussreicher und wohlhabender Friesenhäuptling. Bewunderer hat der Seeräuber bis in unsere Tage. Im Juni 1985 stürzte ein »Kommando Klaus Störtebeker«, das zur autonomen Szene gehörte, das Standbild des Piratenbezwingers Simon von Utrecht an der Kersten-Miles-Brücke von seinem Sockel. Und auch heute gibt es immer wieder Politikerstimmen, die davor warnen, Piraten zu glorifizieren, anstatt in ihnen einfach nur Kriminelle zu sehen.

Im Verhandlungssaal des UN-Seegerichtshofes in Hamburg sollen nach den Vorstellungen einiger Politiker künftig auch Piraten abgeurteilt werden. (Foto: Eigel Wiese)

Die Uneinigkeit von Politikern und Juristen

Die Aktion der Deutschen Marine im kenianischen Hafen Mombasa lief zur selben Zeit, zu der Journalisten sich in Berlin bei der Regierungspressekonferenz vom 8. April 2009 über aktuelle Themen informierten. Auf der Tagesordnung standen die so genannte Abwrackprämie, das geplante Gesetz zur Bekämpfung von Steuerhinterziehung, die deutsch-israelischen Regierungskonsultationen, die Lage in Moldawien, ein Medienbericht über Neugestaltung der Landesbanken, die finanziellen Ansprüche des scheidenden Bahn-Chefs Mehdorn und einige weitere Punkte mehr.

Da verkündete Jens Plötner, Pressesprecher des Auswärtigen Amts, überraschend: »Heute Morgen hat der kenianische Generalstaatsanwalt der Übernahme der sieben mutmaßlichen Piraten von der Fregatte RHEINLAND-PFALZ grundsätzlich zugestimmt. Die RHEINLAND-PFALZ ist vor knapp einer Stunde in den Hafen von Mombasa eingelaufen. Zur Stunde befinden sich Vertreter der kenianischen Polizei an Bord.« Aus der Journalistenrunde gab es eine Menge kritische Fragen, denn es war in Deutschland nicht unumstritten, die Festgenommenen im fernen Ostafrika vor ein Gericht stellen zu lassen.

Die neun jungen Somalier hatte die Deutsche Marine aufgegriffen, nachdem das 167 Meter lange deutsche Containerschiff COURIER der Hamburger Reederei Gebrüder Winter von Piraten mit Schnellfeuergewehren und einer Panzerfaust attackiert worden war. An Bord des Frachters fuhr eine Besatzung, die überwiegend von den Philippinen kam. Der ebenfalls philippinische Kapitän konnte noch einen Notruf senden, bevor die Piraten sein Schiff in die Gewalt bekamen. Daraufhin starteten von der etwa 50 Seemeilen entfernten Fregatte RHEINLAND-PFALZ und dem US-Marineschiff USS MONTEREY Bordhubschrauber und vertrieben die Angreifer. Kurze Zeit später entdeckte die Besatzung der deutschen Fregatte ein Boot mit neun bewaffneten Männern.

Die deutschen Soldaten übernahmen das hölzerne Boot, entwaffneten die Männer und warfen alle Gewehre, eine Panzerfaust sowie eine Pistole über Bord.

Später machte das kenianische Gericht ihnen den Vorwurf, sie hätten damit Beweismittel vernichtet. Doch die Beschreibung der Situation aus der Sicht der beteiligten Soldaten scheint glaubwürdig. Demnach waren die Waffen in einem so schlechten Zustand, dass es den Deutschen als äußerst riskant vorkam, mit ihnen zu hantieren, sie zu entladen und an Bord der Fregatte zu bringen.

Erst wenige Wochen zuvor hatte die Europäische Union mit Kenia ein Abkommen zur Übergabe festgesetzter Piraten geschlossen. Aber auch dieses war politisch umstritten. Das Innenministerium warf dem Auswärtigen Amt vor, ein bilaterales Abkommen zwischen Deutschland und Kenia versäumt zu haben. Es sei bedauerlich, »dass das Außenministerium bislang im Gegensatz zu Frankreich und Großbritannien keinen Drittstaat gefunden hat, der diese Leute aufnimmt und ihnen den Prozess macht«. Beide Länder hätten Übernahmeabkommen mit Kenia abgeschlossen, wo die Piraten vor Gericht gestellt werden könnten.

Auch Menschenrechtsorganisationen kritisierten das Abkommen. Der Sprecher der deutschen Sektion von Amnesty International, Dawid Bartelt, forderte, die EU müsse sicherstellen, dass die Menschenrechte der gefangenen mutmaßlichen Piraten gewahrt werden. »Da die Einhaltung von Rechtsstandards in Kenia teilweise zweifelhaft ist, wäre es die sauberste Lösung, die Gefangenen in Deutschland vor Gericht zu stellen«, sagte Bartelt weiter. Wenn das nicht möglich sei, »sollten die deutschen Behörden die Verfahren in Kenia genau beobachten«.

Der Staatssekretär im Verteidigungsministerium, Thomas Kossendey (CDU), verteidigte dagegen das Übernahme-Abkommen: »Darin wird sehr präzise geregelt, wie die Behandlung und wie die Strafverfolgung dieser übergebenen Personen in Kenia stattzufinden hat«. Es gebe auch »genügend EU-Botschafter vor Ort, die das sehr sorgfältig beobachten werden.« Sollten die rechtsstaatlichen Grundsätze nicht eingehalten werden, müsse überlegt werden, ob in einem solchen Fall nicht doch die deutsche Justiz erster und einziger Ansprechpartner sein müsse. Der Aufwand war notwendig, weil das zerrüttete Somalia kein international anerkanntes Rechtssystem mehr hat.

Auf jeden Fall nutzte die Hamburger Staatsanwaltschaft ihre Zuständigkeit und leitete ein Ermittlungsverfahren ein. Der Abschluss dieses Verfahrens musste abgewartet werden, bevor die neun von der Fregatte RHEINLAND-PFALZ festgesetzten Seeräuber an das afrikanische Land übergeben werden konnten. Nach Angaben des Verteidigungsministeriums blieben die Piraten also vorerst weiter an Bord der deutschen Fregatte. Dort hatte man ihnen auf einem Deck aus Planen einen Sonnen- und Sichtschutz aufgebaut, Bänke und Tische aufgestellt, Schlafgelegenheiten geschaffen und darauf geachtet, dass sie ihrem Glauben gemäß kein Schweinefleisch erhielten.

Die Flaggen aller UN-Mitgliedsstaaten säumen den Zugang zum großen Sitzungssaal.
(Foto: Eigel Wiese)

Ähnlich wie die Staatsanwaltschaft in Hamburg handelte wenig später auch das Amtsgericht in Kiel, dem Heimathafen der SPESSART, nachdem der Marineversorger angegriffen worden war. Auch dies war eine reine Vorsorge, falls sich die kenianischen Behörden geweigert hätten, die Seeräuber zu übernehmen. Vorübergehend stand sogar auf dem Flughafen Köln-Wahn ein Bundeswehr-Flugzeug mit 40 Bundespolizisten bereit, um die Piraten nach Deutschland zu holen.

Trotzdem war das Überstellungsverfahren rechtlich kompliziert, da unter anderem geklärt werden musste, inwieweit deutsche Rechtsgüter betroffen sind. Eine speziell eingerichtete Kommission von Staatssekretären der vier Ministerien für Inneres, Justiz, Verteidigung und Außen hat dann die Entscheidung zur Überstellung getroffen. Doch zuvor hatte die Hamburger Staatsanwaltschaft auf einen

Vollzug der von ihr erlassenen Haftbefehle verzichtet. Würde der Prozess zu einem Misserfolg, käme dies einem Gesichtsverlust für Berlin gleich.

In diese Situation platzte die Mitteilung des Berliner Anwaltes Andreas Schulz, er würde den Somalier Mohamud Mohamed Hashi als Verteidiger vertreten. Dabei stünde ihm der kenianische Anwalt Jared Magolo zur Seite. Dann forderte der Jurist von der Bundesregierung, bei der Verteidigung seines Mandanten finanziell unterstützt zu werden, beispielsweise durch Übernahme der Reise- und Unterbringungskosten in Mombasa. Das Auswärtige Amt lehnte ab und es folgte ein Verfahren vor dem Berliner Verwaltungsgericht. Das wies in einem Eilantrag die Forderung ab und stellte fest, der Somalier hätte keinen Anspruch auf Hilfe durch das Auswärtige Amt, weder finanzieller noch konsularischer Art.

Einer der wichtigsten Zeugen in dem Gerichtsverfahren von Mombasa war Willie Sulong, Kapitän der angegriffenen COURIER. Sein Schiff hatte nach dem Zwischenfall die Fahrt fortgesetzt. Nach Ende der Reise war der Nautiker auf die Philippinen zurückgekehrt. Nun weigerte er sich, vor dem kenianischen Gericht zu erscheinen, denn er hatte Angst vor der Rache der Seeräuber. Stattdessen machte er in der deutschen Botschaft in Manila eine Aussage. Erst als die Reederei sich bereit erklärte, seine Reisekosten zu übernehmen und deutsche Diplomaten ihm Schutz zusagten, reiste er nach Kenia.

Er wirkte ernst und wich Kameras möglichst aus, als er das Gerichtsgebäude betrat. Doch seine Aussage brachte wenig Klarheit. Er konnte die Piraten nicht als Insassen jenes Bootes wiedererkennen, das ihn angegriffen hatte. Der Verteidiger der Somalis hatte schon zu Prozessbeginn auf nicht schuldig plädiert: »Man hat die Falschen festgenommen«, sagte der Kenianer. Die Deutsche Marine habe die Insassen eines Bootes verhaftet, das nur zufällig in der Nähe gewesen sei. »Dass Waffen an Bord waren, macht meine Mandanten nicht zu Kriminellen.«

Allerdings belasten GPS-Positionsdaten aus einem auf dem Boot der Verdächtigen gefundenen Navigationsgerät die Männer schwer. Die Daten belegen, dass sie zur Tatzeit am Tatort waren. Die in blaue Overalls gekleideten Angeklagten schauten entspannt in die Runde, ihnen schien der Ausgang des Prozesses wenig Sorgen zu bereiten. Die Gerichtsverhandlung lief in quälender Langsamkeit. Jeder Satz musste ins Somalische übersetzt werden. Beobachter befürchten, dass dies Verfahren sich deshalb über Wochen oder Monate hinziehen könnte.

Währenddessen wird in der deutschen Politik darüber gestritten, ob eine Grundgesetzänderung notwendig sei, um der Deutschen Marine eine wirksame Bekämpfung der Piraterie zu ermöglichen. Die immer wieder geäußerten politischen Positionen sind sehr widersprüchlich, Annäherungen sind kaum festzustellen.

Die derzeitige rechtliche Situation bringt Thomas Kossendey, Parlamentarischer Staatssekretär im Bundesministerium der Verteidigung, auf eine einfache Formel: »Zurzeit dürfen nur die Kräfte eingesetzt werden, die nicht über die Mittel und Fähigkeiten verfügen. Diejenigen Kräfte, die über die Mittel und Fähigkeiten verfügen und dort eingesetzt sind, wo Gefahr permanent vorhanden ist, dürfen aus rechtlichen Gründen nicht eingreifen.« Ähnlich hatte sich auch schon der damalige Verteidigungsminister Franz Josef Jung geäußert und eine klare rechtliche Grundlage für Bundeswehr-Einsätze gegen Piraten gefordert. Bisher dürfe die Deutsche Marine nur Nothilfe leisten, aber nicht mehr, kritisierte der CDU-Politiker. Der Schutz der Seewege müsse aber im Interesse der Deutschen liegen, immerhin gingen 80 Prozent des Handels über See.

SPD und FDP lehnen diese Forderungen ab, weil sie fürchten, eine entsprechende Gesetzesänderung werde der Einführung des Rechtes auf Bundeswehreinsätze im Innern den Weg bereiten. Sie warfen Jung stattdessen vor, bestehende Spielräume nicht auszunutzen.

Nach Auffassung der Linken gäbe es für einen deutschen Marineeinsatz gegen Piraten ohnehin »keine deutsche Rechtsgrundlage«. Das äußerten sie im Herbst 2008 im Vorfeld der Debatten um eine deutsche Beteiligung an der Pirateriebekämpfung vor dem Horn von Afrika. Das Vorgehen gegen Piraterie sei »eindeutig eine Polizei- und keine Militäraufgabe«, so der Außenpolitiker Wolfgang Gehrcke. Anderer Ansicht ist der FDP-Außenpolitiker Rainer Stinner. »Die Bundeswehr hat alle Befugnisse, die sie zur Bekämpfung von Piraterie braucht«, sagte er in Berlin. Nach seiner Auffassung ist eine Grundgesetzänderung gar nicht nötig.

Eine solche Änderung lehnt auch der SPD-Politiker Dr. Rolf Mützenich ab: »Nicht ohne Grund wurden der Polizei und der Bundeswehr eindeutige und klar getrennte Aufgaben zugewiesen. Daran müssen wir festhalten.«

Bei Jürgen Trittin von den Grünen stieß diese Auffassung auf scharfe Kritik: »Dann frage ich Sie: Wollen Sie ernsthaft eine Polizei, die mit solchen militärischen Mitteln ausgestattet ist, um in der Lage zu sein, ein Seegebiet von 500 mal 500 Kilometern zu überwachen? Jedenfalls mit meinem Verständnis von Polizei ist diese Vorstellung nicht zu vereinbaren.«

Mützenich forderte während der Plenarsitzung vom 19. Dezember 2008 auch, die Strafverfolgung müsse in Deutschland stattfinden, wenn deutsche Staatsbürger getötet oder verletzt oder unter deutscher Flagge fahrende Schiffe angegriffen werden: »Der Internationale Seegerichtshof in Hamburg wäre aus meiner Sicht ein geeigneter Rahmen.«

Genau dieses aber bestreitet Prof. Dr. Rüdiger Wolfrum, der seit 1996 Richter an diesem Gerichtshof ist: »Wenn ein Deutscher in Indien durch einen US-Ame-

Der UN-Seegerichtshof im Hamburger Stadtteil Nienstedten liegt auf einem parkartigen Grundstück in Elbnähe.

(Foto: *Eigel Wiese*)

rikaner verletzt wird, ist dafür auch kein internationales Gericht notwendig. Ein solcher Fall wird nach indischem Recht abgeurteilt, zumindest, was das Strafrecht angeht. Es ist völlig anerkannt, dass die Bestrafung von Kriminellen durch nationale Gerichte erfolgt und dabei nationales Strafrecht angewandt wird. Internationale Strafgerichte sind nur für diejenigen Fälle vorgesehen, in denen die nationale Strafgerichtsbarkeit aus unterschiedlichen Gründen nicht oder nicht

Internationale Rechtsexperten halten den UN-Seegerichtshof für derartige Verhandlungen nicht für zuständig, denn es handelt sich um ein Zivil- und nicht um ein Strafgericht.

(Foto: Eigel Wiese)

effizient ausgeübt werden kann. Auch der Internationale Strafgerichtshof arbeitet nach diesem Prinzip.«

Auf jeden Fall hält er den Internationalen UN-Seegerichtshof in Hamburg nicht für die geeignete Einrichtung zur Verurteilung von Piraten: »Dieser Gerichtshof ist schon deshalb nicht für die Piratenverfolgung geeignet, weil seine Richter Völkerrechtler sind und keine Strafrichter. Sie sind Experten für die Lösung seerechtlicher Streitigkeiten zwischen Staaten, aber nicht zur Aufklärung von Verbrechen auf See.«

Die rechtlichen Bedenken deutscher Politiker gegen diesen Auslandseinsatz der Bundeswehr teilt er nicht. Er sieht auch keine völkerrechtlichen Probleme: »Das Seerechtsübereinkommen verpflichtet die Staatenwelt geradezu zum Einsatz gegen Piraten auf hoher See. Das Abkommen gilt zwar nicht in den Küstengewässern Somalias. Deshalb aber hat der Sicherheitsrat der Vereinten Nationen in mehreren Resolutionen Militäreinsätze gegen Piraten innerhalb der Zwölfmeilenzone Somalias gebilligt.«

Bedenken hat Wolfrum auch nicht aus verfassungsrechtlicher Sicht: »Nach Artikel 25 des Grundgesetzes sind die allgemeinen Regeln des Völkerrechts Bestandteil des Bundesrechts. Zu den allgemeinen Regeln des Völkerrechts rechne ich auch die Vorschriften des Seerechtsübereinkommens zur Pirateriebekämpfung.«

Deutlich erkennbar ist unterdessen das politische Bemühen, gefangene Piraten nicht in Deutschland vor Gericht zu stellen. Befürchtet wird, sie könnten im Falle eines Freispruchs oder auch nach Verbüßung einer Strafe in Deutschland einen Asylantrag stellen. Denn dieses würde zu vermehrten Angriffen auf die Schiffe von Staaten führen, die Seeräuber vor ihre nationalen Gerichte stellen. Ein Beispiel dafür gibt es in den Niederlanden. Dort stehen fünf somalische Männer vor Gericht, denen vorgeworfen wird, Anfang Januar im Golf von Aden das türkische Handelsschiff SAMANYULO überfallen zu haben. Dessen Besatzung wehrte die Attacke jedoch ab und schoss das Schnellboot der Angreifer mit Leuchtkugeln in Brand. Dänische Marinesoldaten fischten die Somalier aus dem Wasser. Sie übergaben die Männer an die Niederlande, weil das angegriffene Schiff unter der Flagge der Niederländischen Antillen fährt.

Der niederländische Dozent für internationales Strafrecht, Geert-Jan Knoops, vermutet schon jetzt: »Nach Verbüßung ihrer Strafe können sie vermutlich nicht abgeschoben werden, weil die Situation in Somalia als zu unsicher gilt.«

Sollten sie schuldig gesprochen werden, dann drohen ihnen vier Jahre Gefängnis. Eine Zeit, die sie gut nutzen wollen. Ihr Anwalt äußerte, sie wollten eine Berufsausbildung abschließen. Er sagte weiter, seine Mandanten seien mit der Situation im Gefängnis zufrieden, das Essen sei gut, sie könnten mit anderen Häftlingen Fußball spielen und fernsehen.

An die Zeiten, in denen Piraten auch die Elbmündung bedrohten, erinnert das Modell eines Hamburger Konvoischiffes im UN-Seegerichtshof. (Foto: Eigel Wiese)

Wegen der rechtlich schwierigen Situation hatten Marinesoldaten mehrerer Länder die aufgegriffenen Piraten zuvor einfach entwaffnet, ihre Waffen ins Meer geworfen und die Männer am nächsten Strand ausgesetzt. Ein Verfahren mit Risiken, denn die Seeräuber machten sich selbstverständlich zu Fuß auf den Weg zurück in die Heimat. Dort konnten sie von ihren Erfahrungen im Umgang mit den internationalen Marinesoldaten berichten und dieses Wissen an junge, unerfahrene Kameraden weitergeben. Außerdem stieg ihr Ansehen als kampferfahrene Männer.

Mit dem Inspekteur der Marine, Vizeadmiral Wolfgang E. Nolting, sprach Autor Eigel Wiese über die Herausforderungen der Deutschen Marine bei der Bekämpfung der Piraterie.

(Foto: Eigel Wiese)

Der Inspekteur der Deutschen Marine zur Frage der Piratenabwehr

Die Beteiligung der Deutschen Marine an der EU-Mission Atalanta am Horn von Afrika ist eine völlig andere Aufgabe, als diese Seestreitmacht sie über Jahrzehnte zu erfüllen hatte. Sie war 1955 aufgestellt worden, als sich noch zwei militärische Blöcke gegenüber standen. Damals war die Aufrüstung der jungen Bundesrepublik, nur zehn Jahre nach dem Ende eines folgenschweren Krieges, in weiten Kreisen von Politik und Bevölkerung umstritten. Heute sind es die rechtlichen Grundlagen des Einsatzes. Führung der Marine scheint in Deutschland eine dauerhaft schwierige Aufgabe zu sein, zur Zeit der Bundesmarine ebenso wie heute, zur Zeit der Deutschen Marine. Für deren personelle und materielle Einsatzbereitschaft ist seit 2006 Vizeadmiral Wolfgang E. Nolting als Inspekteur der Marine verantwortlich. Er ist ein Mann mit umfassender eigener Erfahrung aus der Truppe. Der gebürtige Wilhelmshavener trat 1966 in die Bundeswehr ein und wurde zum Seeoffizier und als Kampfschwimmer ausgebildet.

Er verfügt auch über eigene Erfahrung in Auslandseinsätzen. So kommandierte er einen gemischten Minenabwehrverband während der Operation Südflanke, einem der ersten Auslandseinsätze der Bundeswehr. Sie hatte vom 16. August 1990 bis 13. September 1991 die Aufgabe, während des zweiten Golfkriegs Seeminen im Persischen Golf zu beseitigen.

In seiner Dienststelle auf der Bonner Hardthöhe habe ich mich mit ihm über diese neue Aufgabenstellung der Marine unterhalten.

Wiese: Als kleiner Junge habe ich gern Piratenromane gelesen ...

Nolting: ... ach, Sie auch?

Wiese: Haben Sie jemals erwartet, als deutscher Marineoffizier eines Tages einen Einsatz gegen Piraten befehlen zu müssen?

Nolting: Damals sicher noch nicht. Bei meinem Eintritt in die Marine gab es noch die bipolare Welt von Ost und West. Da hatte man andere Vorstellungen von unserer Aufgabe. Wir mussten zu einer Auseinandersetzung fähig sein, um nicht kämpfen zu müssen. Dieses Bild hat sich völlig verändert.

Wiese: Die Bundeswehr, in diesem Fall besonders die Marine, hat also enorme Veränderungen bewältigen müssen. Wie schafft es die Führung, Soldaten für so stark veränderte Aufgaben auszubilden und sie für die Durchführung zu motivieren?

Nolting: Die Frage ist berechtigt. Ich sehe sie auch. Es ist aber ein langsamer Prozess gewesen. Wir sind ja nicht in einer plötzlichen 180-Grad-Drehung in eine neue Welt geraten, das Ganze hat sich ja auch im politischen Forum nach und nach entwickelt. Bei den ersten Auslandseinsätzen ging es noch um die rechtliche und politische Frage, ob wir uns daran überhaupt beteiligen dürfen. Da wurde das Bundesverfassungsgericht angerufen, das entschied, zur kollektiven Sicherheit dürfen wir solche Einsätze durchführen. Die Aufgeregtheit in der Bevölkerung war noch groß und auch die großen Parteien haben sich nach und nach in ihren Positionen angenähert. Die Bundeswehr hat sich auf die neu gestellten Anforderungen in mehreren Schritten von Reformen und der Transformation eingestellt.

Wiese: Kann man das jemals als einen abgeschlossenen Prozess betrachten?

Nolting: Wir können aus dem, was wir in der Vergangenheit erlebt haben, für die Zukunft sicherlich ableiten, dass wir auch künftig immer wieder mit Situationen konfrontiert werden, die sich schnell verändern. Daraus ergeben sich veränderte Fähigkeitsprofile, und eine Teilstreitkraft muss sich darauf einstellen.

Die Aufgaben, die auch in Zukunft auf uns zukommen, werden sicherlich weiter entfernt von unseren Heimathäfen und Stützpunkten sein. Da dürfen wir nicht in einem Bild verhaftet bleiben, das uns nur den engeren Raum der Ostsee oder der Deutschen Bucht bescherte.

Wiese: Wie empfinden Sie die Einstellung der deutschen Öffentlichkeit zu diesen Einsätzen?

Nolting: Man sieht wohl mittlerweile im Lande, dass Deutschland Verantwortung tragen muss, dass wir uns nicht verstecken können, dass wir diese Verpflichtung annehmen müssen. Ich glaube, unsere Gesellschaft ist manchmal in einigen Punkten weiter, als einzelne Abgeordnete oder selbsternannte Experten uns Glauben machen wollen.

Woran es noch immer mangelt, ist größere geopolitische Zusammenhänge zu erkennen, beispielsweise wie sehr unsere Wohlfahrt abhängig ist von einem freien Seeraum. Das war in der Vergangenheit so und das wird in der Zukunft sogar noch deutlicher werden. Daher ist es wohl nicht vermessen, wenn ich sage, das 21. Jahrhundert ist ein maritimes Jahrhundert.

Wiese: *Da stimme ich Ihnen zu. Aber haben wir nicht das Problem, dass viele Menschen in unserem Land einschließlich politischer Entscheider eigentlich mit dem Rücken zur See stehen?*

Nolting: Ja, wir haben früher immer gesagt, maritimes Denken hört 30 Kilometer hinter der Küstenlinie auf. Das würde ich heute nicht mehr ganz so stringent sehen. Es ist auch nicht nur ein deutsches Phänomen. Von fast allen Marinen wird häufig der Begriff der »sea blindness« genannt, ein Unwissen der Menschen an Land über Vorgänge auf See.

Auch bei den Vereinten Nationen spielt die See noch immer nicht die Rolle, die sie eigentlich haben müsste, gemessen an den vielen positiven Dingen, die wir von einem freien Handel haben.

Wiese: *Diese Antwort erstaunt mich, denn Amerikaner, Engländer und Franzosen sind doch eigentlich sehr shipping minded.*

Nolting: Das ist vollkommen richtig, aber auch die sehen alle, wie wenig die großen Zusammenhänge verinnerlicht sind. Meist gilt noch immer das Zitat aus Goethes Faust: »Nichts Besseres weiß ich mir an Sonn- und Feiertagen, als ein Gespräch von Krieg und Kriegsgeschrei, wenn hinten, weit in der Türkei, die Völker aufeinanderschlagen.«

In einer globalisierten Welt muss diese Denkweise eine andere werden. Jugendliche verkehren zwar heute im Internet weltweit und laden sich Inhalte von Webseiten runter. Sie kaufen moderne Kommunikationsgeräte wie i-phone oder i-pod. Aber wenn man unsere Jugendlichen fragt, was glaubt ihr eigentlich, wie teuer so ein Gerät wäre, wenn das Schiff mit seiner i-pod-Ladung nicht durch den Suez kommt, sondern um das Kap der Guten Hoffnung gefahren werden muss? Das überlegen sie nicht, denn meist zahlt ja Oma. Und die denkt auch nicht darüber nach.

Das gilt nicht nur in Deutschland. Selbst in Amerika gibt es so viele Güter, die nicht mehr im Lande produziert werden. Schuhe, Handtaschen und Bekleidung kommen aus Asien, also per Schiff von der gegenüberliegenden Küste.

Aber sicherheitspolitisch werden wir uns mit einigen weiteren Fragen beschäftigen müssen. Dazu zählen Energiefragen oder Probleme, die durch das Abschmelzen der Polkappen entstehen. Wir benötigen eine allumfassende Betrachtung. Ich habe keine Kritik zu üben, aber es fehlt ein gemeinsamer Sicherheitsausschuss. Wir haben bereits Ausschüsse für Außenpolitik, für Recht, für Innenpolitik, für Verteidigung und Wirtschaft usw. Es gibt aber auch in maritimen Sicherheitsfragen ein

Inspekteur Marine Vizeadmiral Wolfgang Nolting   *(Quelle © 2006 Bundeswehr/Björn Wilke)*

übergeordnetes Interesse. Der Bundespräsident hat einen solchen gemeinsamen übergreifenden Ausschuss mal angeregt, das ist aber leider bisher nicht realisiert worden.

Wiese: Aber Frau Wöhrl als Maritime Koordinatorin der Bundesregierung hat doch solche Dinge weit vorangebracht …

Nolting: … richtig, Frau Wöhrl verdanken wir die thematische Erweiterung der Nationalen Maritimen Konferenz, die sich in diesem Jahr erstmals mit einem eigenständigen Thema der maritimen Sicherheit, ergo auch mit unseren Aufgaben, beschäftigt hat.

Wiese: *Ist die Aufgabe überhaupt zu bewältigen, mit weniger Soldaten dieses umfangreichere Aufgabenfeld zu erfüllen?*

Nolting: Tatsächlich stehen wir vor der Frage, wie wir mit weniger, dafür aber qualifizierterem Personal auskommen. Das muss man aber nicht nur vor dem Hintergrund der Verkleinerung der Bundeswehr sehen, sondern in einem größeren Kontext. Wir dürfen nicht vergessen, wo die demografische Entwicklung hingeht. Wie bekomme ich in Zukunft die Leute, die ich brauche? Der Wettbewerb mit der Wirtschaft um die klugen Köpfe wird schärfer. Daraus ergibt sich die zweite Frage, wie halte ich diejenigen, die heute Marineangehörige sind, auch längerfristig? Um das zu schaffen, braucht man Attraktoren, da muss man genau ausloten, was ist unser Alleinstellungsmerkmal? Was können wir und was können wir nicht? Man muss auch schonungslos sagen: Wir können nie das Gleiche für Hochspezialisten zahlen, wie z.B. ein Industrieunternehmen, sondern wir müssen uns etwas anderes einfallen lassen, um auch in der Zukunft attraktiv zu bleiben.

Wiese: *Was wären denn solche Alleinstellungsmerkmale besonders für die Marine?*

Nolting: Marine bietet immer etwas Exotisches. Dabei spielt auch Abenteurertum und Ferne eine Rolle, wir bieten Schiffsreisen in ferne Länder. Man lernt bei uns als junger Mensch Kameradschaft in sehr intensiver Form kennen. Außerdem hat die Marine den Umgang mit modernster Technik zu bieten. Wir bieten darüber hinaus aber auch etwas, was andere nicht so kennen. Wir übertragen ganz jungen Dienstgraden schon wichtige Funktionen. Selbst der Grundwehrdienstleistende oder freiwillig Längerdienende übernimmt bei uns verantwortlich eine wichtige Aufgabe.

Er kann bei uns sehr viel über den Umgang mit komplexer Technik lernen. Denken Sie an die modernen Schiffe oder den fliegerischen Bereich. Dort erwirbt beispielsweise ein Zeitsoldat Fähigkeiten und Kenntnisse, die er später in seinem Zivilberuf verwenden kann. Begleitende Berufsförderungsmaßnahmen unterstützten diesen Prozess noch.

Wiese: *Aber die Belastungen für die Menschen als Folge der Auslandseinsätze sind doch groß?*

Nolting: Tatsächlich haben die bisherigen Kriseneinsätze gezeigt, dass sie für alle Dienstgrade belastend sind. Das fängt an beim Hauptgefreiten und Zeitsoldaten und geht bis hoch zum Fregattenkapitän. Sie alle sind häufiger im Einsatz als ursprünglich vorhersehbar. Sie brauchen daher Ruhephasen, das sind wir auch den Familien schuldig, wir sind es den Kindern dieser Soldaten schuldig, dass sie zwischendurch ihre Eltern bei sich haben. Und nicht regelmäßig über drei Jahre jeweils Weihnachten im Einsatz sind. Oder ausgerechnet dann, wenn die Kinder Schulferien haben.

Wiese: *Die Schiffe, mit denen die Deutsche Marine ihren Aufgaben am Horn von Afrika nachkommt, wurden noch in der Zeit völlig anderer Aufgabenstellung beschafft. Sind sie überhaupt für diese Art von Einsätzen optimal geeignet?*

Nolting: Ich lasse zunächst mal den Begriff optimal aus ihrer Frage raus. Richtig ist die Erkenntnis, dass die Schiffe unter einem anderen Szenar entwickelt wurden, was das obere Spektrum ihrer Fähigkeiten anbelangt. Das untere Spektrum bei allen Fahrzeugen, den Fregatten, Minensuchern und Schnellbooten, war – auch zu Zeiten der bipolaren Welt – aufzuklären sowie ein maritimes Lagebild permanent und dauerhaft aufzubauen und zu halten. Das ist nach wie vor eine Grundaufgabe, die auch heute noch jedes unserer Schiffe hat. Ob sie sich jetzt fokussieren auf denkbare Störungen von navigatorisch fehlgeleiteten Schiffen oder aber potenzielle Piraten oder anormales Verhalten in anderen Situationen, das ist eine Grundaufgabe, die kann jeder Schiffstyp erfüllen. Das muss auch jeder können. Deshalb kann ich die Frage dahingehend beantworten: Auch eine Fregatte, die noch in den Zeiten der siebziger, achtziger Jahre gebaut wurde, kann eine solche Aufgabe wahrnehmen. Sie kann aber natürlich wesentlich mehr. Wir dürfen nicht den Fehler machen, nur weil im Augenblick der Fokus auf Antipiraterie oder Antiterrorismus liegt, zu glauben, wir bräuchten das obere Spektrum nie mehr. Sondern man muss eine gewisse Grundsicherung für den, wenn auch unwahrscheinlicheren Fall behalten, dass sich die sicherheitspolitischen Rahmenbedingungen wieder verändern.

Wiese: *Aber wären nicht doch andere Schiffe notwendig?*

Nolting: Aus der langen Geschichte der Veränderungen haben wir gelernt, dass wir es uns in Zukunft nicht mehr erlauben können, gesamte Plattformen zu ersetzen, weil sie für bestimmte Aufgaben obsolet geworden sind. Bestimmte Fähigkeiten an Bord sind also modular auszuprägen, damit wir bei fortbestehender Plattform neue Fähigkeiten an Bord der Schiffe bringen können.

Wiese: *Was die Schiffe auf der technischen Seite aufgrund des MEKO-Konzeptes durchaus mitbringen ...*

Nolting: ... das MEKO-Konzept ist eine der Möglichkeiten, die man dafür nutzen kann. Es kommen aber auch neue Spielfelder hinzu. Wir haben die Miniaturisierung der Technik erlebt. Das ermöglicht den Einsatz ferngelenkter Fahrzeuge unter Wasser, wie auf dem Wasser, also von Drohnen.

Wir haben aber eine Sache zusätzlich erkannt, und das ist eine große Herausforderung. Wenn wir mal unterstellen, dass unsere Einsätze immer Tausende von Seemeilen von der Heimat entfernt sind, dann ist es für den Steuerzahler und die Marine nicht effizient, Plattformen hin- und herzufahren. Als Alternative sollte man zwei Dinge verändern: erstens möglichst zwei Besatzungen für ein Schiff aufstellen und ausbilden oder drei für zwei. Das entlastet unser Personal, denn das ist belastet. Und das andere ist auf der technischen, materiellen Seite die Schiffe so auszustatten, dass sie über mehr Monate als heute, nämlich das doppelte an Zeit, in See stehen können, ohne planmäßig in die Werft zu müssen. Dem Konzept entspricht die Fregatte 125.

(Anmerkung: Die Fregatte F125, auch BADEN-WÜRTTEMBERG-Klasse genannt, wird von 2016 an die F122-Klasse ersetzen.)

Wiese: Dafür benötigen Sie aber nicht nur die Technik, sie brauchen auch zwei Besatzungen in der Ausbildung. Wie werden sie dieses umsetzen? Und in welchem Zeitrahmen?

Nolting: Ja, das bedeutet tatsächlich zwei Besatzungen in der Rotation. Wir haben im Augenblick auch schon Erfolg versprechend mit Schnellbooten und Minensuchbooten den Nachweis angetreten, dass wir Boote vor Ort lassen und Besatzungen aus der Heimat tauschen können. Dann wird später wieder zurückgetauscht. Niemand wird mir wohl 5.000 Leute mehr geben. Wir müssen also ein solches Schiff, bei Erhaltung der gleichen Fähigkeit, mit weniger Personal betreiben als heute. Nur so hätte ich einen Personalkörper, der mir erlaubt, rotierend zwei Besatzungen für eine Einheit zur Verfügung zu haben.

Wenn die Mannschaften mit ihren Schiffen nicht mehr zwei Wochen lang zwischen der Basis Wilhelmshaven und dem Einsatzgebiet unterwegs sind, können wir auch eine Ausbildung an den Stützpunkten betreiben. Denn diejenige Besatzung, die auf dem Schiff nicht gerade im Einsatz ist, muss ja auch für den Einsatz auf dem aktuellen Wissensstand gehalten werden. Da ist weiter Teamausbildung zu betreiben. Außerdem sollte man dort am Heimatstützpunkt seine Ruhephase haben.

Wiese: Um aber direkt auf die Bekämpfung der Piraterie zu kommen. Bräuchte die Deutsche Marine dafür Vollmachten, wie sie beispielsweise die französische hat?

Nolting: Wir haben ja mandatierte Einsätze, das ist ein Grundverständnis, ich halte das für einen besonderen Reifegrad einer Demokratie, wenn der gesamte Bundestag dahintersteht oder zumindest die Mehrheit. Ich erwarte nicht, vom Bundestag ein dauerhaftes, grundsätzliches, geografisch nicht gebundenes Mandat zu erhalten. Wir dürfen derzeit nur im Rahmen der Nothilfe außerhalb mandatierter Einsätze tätig werden. Und das setzt immer die Gegenwärtigkeit eines Angriffs voraus.

Wiese: *Das aber stößt manchmal bei der Bevölkerung auf Unverständnis.*

Nolting: Mit absoluter Sicherheit. Ich nehme allerdings auch zur Kenntnis, dass wir manches Mal von außen Meinungen hören, die ich doch eher in die Rubrik der Stammtischparolen einordnen würde. Den Rambo zur See, den wollen wir unter keinen Umständen. Wir sind dem Grundgesetz gegenüber verpflichtet, und das Grundgesetz gilt in seinen Rechtsnormen überall auf der Welt. Unser Hauptauftrag ist der Schutz der Schiffe, die für das Welternährungsprogramm im Einsatz sind – also dafür sorgen, dass Nahrung und Hilfsgüter auch die Armen erreichen. Auf diese Schiffe ist noch kein Piratenangriff gelungen. Nach der Mandatierung durch den Deutschen Bundestag im Dezember 2008 ist es uns auch möglich, der Piraterie Verdächtige festzusetzen und der Gerichtsbarkeit zu übergeben. Mit Rechtsberatern und Feldjägern an Bord unserer Schiffe ist es uns gelungen, für Rechtssicherheit auf deutschen Einheiten zu sorgen. Dazu trägt auch ein Abkommen mit Kenia bei, das bereit ist, die Piraten bei ausreichender Beweislast anzuklagen.

Wir nehmen vermeintliche Piraten erst einmal nur in Gewahrsam. Das ist ein großer Unterschied zur Verhaftung. Das liegt in unserer Strafprozessordnung begründet, denn wenn Sie jemanden verhaften, sind Sie in der Pflicht, ihn innerhalb einer festgesetzten Zeit, und die ist eng gesetzt, einem Richter vorzuführen. Das können Sie auf See gar nicht gewährleisten.

Und das zweite, was noch entscheidender ist: Die Entscheidung, ob jemand verhaftet wird oder nicht, ist vor allem eine juristische Entscheidung und keine operative.

Wiese: *Und die danach folgenden Verfahren?*

Nolting: Ich würde mir auch wünschen, dass wir einen internationalen Seestrafgerichtshof hätten. Im Augenblick bringen wir in Gewahrsam genommene Personen laut Entscheidung der Europäischen Union nach Kenia. EU MARFOR ATALANTA ist ja eine europäische und keine deutsche Operation.

Leider hat die NATO ein solches Vertragswerk noch mit keinem Staat geschlossen. Das schließt eine deutsche Beteiligung an der NATO-Operation und damit vermutlich auch die Mandatierung durch den Deutschen Bundestag aus.

Wiese: *Sie haben ja in der Vergangenheit in der Öffentlichkeit deutliche Worte zu diesen Einsätzen gefunden. So haben Sie sich beispielsweise für eine Verfassungsänderung ausgesprochen.*

Nolting: Mein Wunsch wäre immer noch eine grundsätzliche Klärung der Frage, inwieweit es sich hier um eine Polizeiaufgabe handelt und ob es geografische Gebiete gibt, in denen die Polizei gar nicht präsent sein kann, folglich die Marine tätig werden darf. Die Rechtssicherheit für die Soldaten wäre unter dieser Fragestellung einfacher und sauberer, wenn es eine Grundgesetzänderung gäbe. Wenn also der Paragraph 87a in dem Punkt erweitert würde. Natürlich ist jede Grundgesetzänderung immer ein scharfes Schwert. Deshalb wird es immer Befürworter und auch Gegner einer solchen Maßnahme geben.

Wiese: Ist es für Ihre Soldaten manchmal frustrierend, diesen Überwachungsdienst vor der somalischen Küste zu erledigen? Aber auf der anderen Seite Piraten nicht aktiv bekämpfen zu können?

Nolting: Darauf gebe ich Ihnen zwei differenzierte Antworten. Wir erleben natürlich auch Festnahmen und anschließendes Freilassen von Piraten. Das ruft manches Mal Unverständnis auch bei den Soldaten hervor. Das muss ein Kommandant seinen Soldaten dennoch erklären können. Als junger Soldat hätte ich wahrscheinlich die gleichen Fragen.

Ich sehe auch, dass die Fähigkeit zur Menschenführung eines militärischen Führers heute mehr ausgeprägt sein muss, als früher, denn früher war jedem in der bipolaren Welt eindeutig klar, sollte es zu einem Waffengang kommen, dann ist die ganze Bevölkerung betroffen. Jetzt haben die Soldaten manchmal Aufgaben, bei denen sie tagein, tagaus fahren, und es passiert nichts. Es tritt also eine Ermüdung ein und damit auch die Gefahr der Sorglosigkeit. Da müssen Vorgesetzte ihren Leuten den Sinn der Wachsamkeit immer wieder verdeutlichen, denn nichts ist schlimmer, als wenn sie unvorbereitet in eine Situation hineingeraten und hinterher feststellen, sie hätten vieles an Schäden vermeiden können, wenn sie wachsam und gefahrbewusst geblieben wären.

Wiese: Aber müsste man nicht aktiv gegen Piraten vorgehen? Beispielsweise mit der Bekämpfung der Mutterschiffe?

Nolting: Diese Frage ist schon häufig gestellt worden. Nach unserer Erkenntnis wechseln diese Mutterschiffe. Es sind ja leider keine originären Piratenschiffe, sondern es sind existierende Fahrzeuge, die einschließlich der ursprünglichen Besatzungen in Geiselhaft genommen werden, das heißt, die als Geisel genommene Ursprungsbesatzung ist neben den Piraten an Bord. Bei jedem Angriff auf ein solches Schiff, vorausgesetzt die rechtlichen Bedingungen würden stimmen, haben sie immer das Problem, dass sie auch Unschuldige treffen können.

Das ist der erste Punkt. Der zweite Punkt ist, nach unserem Rechtsverständnis muss eine Beweisführung lückenlos und gesichert sein, um vor Gericht Bestand zu haben. Es macht nichts, wenn dort im freien Seeraum Leute zu See fahren und Handfeuerwaffen dabei haben. Das dürfen die. Solange ich nicht nachweisen kann, dass eine Person zu einer bestimmten Zeit an einem bestimmten Ort einen Überfall durchgeführt hat, kann ich überhaupt nichts machen. Da ist die Rechtslage wie in Deutschland, das gilt auch international.

Wiese: Nach meinen Beobachtungen werden wir wohl einen klassischen Krieg kaum noch erleben. Wir gehen in eine Ära, in der asymmetrische Kriegführung immer normaler wird. Muss sich da nicht unser gesamtes Kriegsbild wandeln?

Nolting: Der Begriff Krieg ist ja völkerrechtlich eindeutig definiert. Über neue Definitionen muss man sicherlich nachdenken. Auch die UN sehe ich in der Pflicht, eine andere Art der Definition zu finden, damit wir aufhören, uns immer wieder darüber zu streiten. Dafür haben diese Fragen zu große Auswirkungen. Es geht unter anderem darum, ob die Gegenseite damit zu Kombattanten wird. Es gibt ja auch in vielen Fällen keinen Staat mehr, dem man völkerrechtlich den Krieg erklären könnte. Dann hätten ja andere auch wieder die Möglichkeit, sich für neutral zu erklären. Aber das halte ich nicht für das vordringlichste Problem. Wichtig ist in meinen Augen, sich darüber zu unterhalten und nachzudenken, was brauchen wir zukünftig an Fähigkeiten, wenn ein klassischer Krieg immer unwahrscheinlicher wird? Ganz ausschließen kann ich ihn aber trotzdem nicht.

Ich glaube nicht, dass die Menschheit als solche übermäßig viel dazugelernt hat. Es wird immer Menschen geben, die ihre Argumente nicht nutzen, im Sinne von Wortgefechten und in der Hoffnung, dass das Bessere obsiegt, sondern die dann zur Keule zurückkehren. Der Mensch ist so, der Apfel ist ab, die Sünde ist in der Welt.

Das sollte uns aber nicht daran hindern, alles zu versuchen, Probleme möglichst ohne Waffengewalt friedlich zu lösen. Wir als Soldaten sind ja gehalten, weitestgehend einen anderen Blickwinkel zu haben. Unsere Aufgabe ist es, Möglichkeiten eines denkbaren Störenfriedes aufzuzeigen. Und wenn er über bestimmte Möglichkeiten und Fähigkeiten verfügt, dann muss man militärisch beurteilen können, was brauche ich, um dieser Gefahr etwas entgegenzusetzen. In solchen Fällen brauchen wir auch ein oberes Spektrum an Fähigkeiten.

Die Politik muss dann entscheiden, ob sie das Risiko eingeht, auf diese Fähigkeit

Die Fregatte 125 wurde speziell für Auslandseinsätze konzipiert, die weit entfernt von der deutschen Basis zu erfüllen sind. Quelle: © 2007 Bundeswehr/ARGE F 125

zu verzichten oder ob sie sagt, sie braucht umfänglich nicht mehr so viel. Das hat sie nach dem Verschwinden des Warschauer Paktes ja auch getan. Man muss aber auch schauen, was kommt denn danach?

Piraterie wird uns sicherlich noch über lange Zeit beschäftigen, die gibt es auch in anderen Gebieten, nicht nur vor Somalia. Sie konnte in der Straße von Malakka erfolgreich bekämpft werden, nachdem sich die drei Anrainerstaaten verständigt haben. Aber das sind andere Verhältnisse als vor Somalia.

Wiese: *Was sind denn andere militärische Herausforderungen der Zukunft?*

Nolting: Es wird in Zukunft einen Kampf ums Trinkwasser geben oder um Energiereserven. Der Hunger auf Energie wird bei den aufstrebenden Mächten der Zukunft immens sein.

Wenn China heute 13 Millionen Autos hat, dann gibt es Prognosen, die sagen, in zehn Jahren werden es 300 Millionen sein. Es gibt Versuche von Staaten, die 200-Meilen-Wirtschaftszone vor der eigenen Küste auf 350 Meilen zu erweitern. Das läuft vermutlich nicht alles konfliktfrei ab.

Aber auch eine humanitäre Hilfeleistung kann mit militärischen Mitteln durchgeführt werden.

Wichtig ist zudem die Frage, wie decke ich den Proteinbedarf der Bevölkerung zukünftig ab? Gerade im asiatischen Raum. Weltweit sind 30 Millionen Menschen vom Fischfang abhängig.

Bedrohungen für die Schifffahrt entstehen nicht nur durch Piraterie. Wir werden wahrscheinlich in den nächsten 20 Jahren weltweit bis zu 450 Flüssiggastanker haben. Ein solcher Tanker – in den falschen Händen – ist eine schwimmende Bombe.

Da sind viele Fragen, mit denen man sich beschäftigen muss. Energiesicherheit ist zwar keine militärische Frage, aber wenn es darum geht, Regionen zu stabilisieren, dann kann es auch immer eine unterstützende Aufgabe für die Marine sein.

Man muss da visionär denken, 20 Jahre vorausschauen, denn die dann notwendigen militärischen Fähigkeiten brauchen ihre Zeit, bis sie entwickelt sind und zur Verfügung stehen.

Flottillenadmiral Thorsten Kähler gehört in Northwood dem Planungsstab der Operation Atalanta an.
(Foto: Eigel Wiese)

Northwood: Sitz der militärischen Stäbe

Ein rötliches, aus Backsteinen gemauertes Gebäude, vor der Tür die Flaggen der an diesem militärischen Stab beteiligten Nationen. Es steht auf einem geschichtsträchtigen Militärgelände in Northwood, in nordwestlicher Richtung unweit von London. Dort wurden schon von 1939 an Luftwaffenoperationen während des Zweiten Weltkrieges geplant, dort richtete die NATO im Jahr 1953 erste internationale Marinestabsstellen ein. Die umliegenden Gebäude beherbergen eine ganze Reihe weiterer militärischer Stäbe des Nordatlantik-Paktes sowie der Europäischen Union.

In dem ihnen zugewiesenen Haus belegen die Planer der Operation Atalanta zwei Stockwerke. Im Innern sieht es aus wie in jedem militärischen Führungsstab irgendwo auf dieser Welt. In fensterlosen Räumen ist die sachliche Einrichtung moderner militärischer Operationen aufgebaut. Auf den hellen Schreibtischen stehen ganze Batterien von Computern, und an den Wänden hängen Riesenbildschirme. Außerdem Seekarten, Fotos von Marineschiffen,

Commander Helseth aus Norwegen gehört zum Stab des NATO Maritime Component Command (MCC) im britischen Northwood.

(Foto: Eigel Wiese)

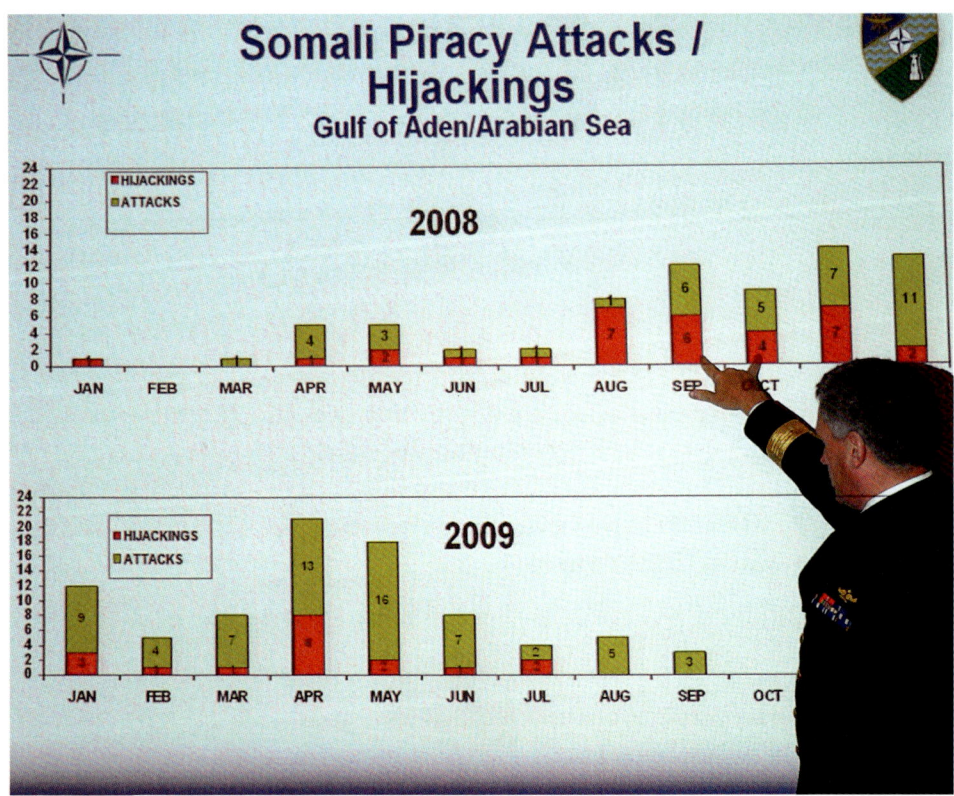

Mit Statistiken erläutert Commander Helseth die Erfolge der militärischen Operationen gegen die Piraten. (Foto: Eigel Wiese)

Uhren, die in unterschiedlichen Zeitzonen ticken. Von den langen Fluren geht ein Sitzungssaal mit schmucklosen, funktionalen Stuhlreihen ab.

Als der Deutsche Bundestag Ende des Jahres 2008 die deutsche Beteiligung an der Mission Atalanta beschloss, waren die Bundeswehrsoldaten des Kommandos »Operative Führung Eingreifkräfte« mit Sitz in der Stadt Ulm gefordert. Ihre ständige Aufgabe ist es, ausgebildetes Personal für die Führung multinationaler Militäreinsätze zur Verfügung zu stellen und in kürzester Zeit die geforderten Dienstposten zu besetzen. Dazu gehören im Fall der Operation Atalanta beispielsweise Logistiker, Fachleute für die Operationszentrale und auch zivile Mitarbeiter wie der Regierungsamtsrat Martin Cebulla, der für vertragsrechtliche Fragen und das Budget verantwortlich zeichnet.

In der Operationszentrale werden die Anfragen der Handelsschifffahrt bearbeitet und die Einsätze der Marine-Einheiten mit dem Führungsschiff vor Ort abgestimmt. »Eine spannende und fordernde Aufgabe. Die Multinationalität des

Kommandos am Standort in Ulm ist uns eine gute Einsatzvorbereitung gewesen«, sagt einer der Soldaten. »20 Leute, acht Nationen, null Probleme«, bringt Fregattenkapitän Gerhard Sender aus dem norddeutschen Kappeln die internationale Zusammenarbeit in Northwood auf einen Nenner. Neun dieser 20 Leute kommen aus Deutschland. Zu ihnen gehört als ranghöchster der stellvertretende Operation Commander, Flottillenadmiral Thorsten Kähler. Er ist ausgebildeter U-Boot-Offizier, war auch auf Fregatten eingesetzt und Kommandant der Fregatte BAYERN. In Planungsstäben war er unter anderem beim NATO-Hauptquartier in Brüssel und Stellvertreter des Leiters Planungsstab im Bundesministerium der Verteidigung.

Zur Führungsstruktur der ersten Marineoperation der Europäischen Union sagt er: »Hier in Northwood wird der Handlungsrahmen für den Seebefehlshaber der Operation festgelegt. Dieser ist auf einer Fregatte im Seegebiet vor der somalischen Küste eingeschifft, und ihm obliegt die eigentliche Aufgabe der Piratenabwehr in den Gewässern um Somalia. Ich bin als Stellvertreter des Operationskommandeurs mit dafür verantwortlich, dass die von den Mitgliedstaaten der Europäischen Union getroffenen politischen Vorgaben in operative Ziele umgesetzt werden. Daneben ist es unsere Aufgabe, Kräfte und Mittel, die wir zur Erfüllung unseres Auftrages benötigen, zu definieren und der politischen Ebene in Brüssel anzuzeigen.«

Ist die Führung eines international zusammengesetzten Marineverbandes aus so großer Entfernung nicht problematisch? Wäre eine räumlich engere Zusammenarbeit nicht wünschenswert?

Kähler: »Neben herkömmlichen internationalen Sprechfunkfrequenzen wird zur Kommunikation und Koordination zwischen den beteiligten Marinen das System Mercury benutzt, das auf geschützter Internet-Technologie basiert und unter anderem auch Online-Chat ermöglicht.

Dieses Kommunikationssystem wird von Northwood aus zur Verfügung gestellt und ermöglicht den beteiligten Institutionen, auch in der täglichen Arbeit einen optimalen Schutz des Seegebietes sicherzustellen. Eingebunden sind dabei auch Länder wie China und Russland, die auf nationaler Basis operieren, und Organisationen wie das UK MTO in Bahrain.«

Zur besseren Information der Kapitäne in dem betroffenen Seegebiet hat das Hauptquartier in Northwood in Zusammenarbeit mit einem britischen Kartenhersteller eine spezielle Seekarte für die Region entwickelt, auf der sich Hinweise für die Passage, zur Anmeldung bei den militärischen Stäben und auch zum Verhalten bei einem Überfall finden. Schiffsführer und Reeder können sich außerdem auf der Internetseite www.mschoa.eu registrieren und finden dort aktuelle Informationen.

Commander Helseth vor der aktuellen Karte zur Pirateriesituation vor der somalischen Küste.
(Foto: Eigel Wiese)

Doch trotz aller Informationen will mancher Kapitän, unter Umständen auch auf Weisung seiner Reederei, die Wartezeiten nicht in Kauf nehmen, die als Folge der Zusammenstellung von gleich schnellen Schiffen für einen Gruppentransit entstehen. Sie missachten dann oft die Warnungen und durchqueren das gefährdete Seegebiet allein und ohne weiteren Schutz.

Ebenfalls in Northwood ist der Stab des NATO Maritime Component Command (MCC) untergebracht, dem der norwegische Commodore Hans Christian Helseth angehört. Deutsch spricht er ebenso fließend wie Norwegisch und Englisch. Kein

Wunder, er absolvierte unter anderem den zwei Jahre dauernden Admiralstabslehrgang an der Führungsakademie der Bundeswehr in Hamburg. Die Besonderheiten von Auslandseinsätzen sind ihm aus seiner Zeit im Kosovo durchaus bekannt. Und damit auch die Probleme, den Schiffsverkehr in der Region zu überwachen und die Absichten der Menschen auf den Schiffen zu erahnen:

»Es ist für die eingesetzten Marineeinheiten äußerst schwierig, durch bloßen Augenschein zu erkennen, ob es sich um Boote von Piraten handelt. Viele Menschen an Bord sind allein noch kein Hinweis auf Piraterie. Schauen Sie hier, auf diesen Bildern, das sind friedliche Fischereifahrzeuge unter Segeln mit vielen Menschen an Bord. Dann wieder ein Boot mit 39 Menschen an Bord, wahrscheinlich illegale Einwanderer in ein arabisches Land. Dann wieder zwei Fischerboote, die ein kleines Boot ziehen. Ein Hinweis auf Piraten? Bei diesem Aluminiumboot allerdings ist es deutlich. Aus dem Bug ragt eine Leiter heraus, die oben Haken hat, damit sie über eine Bordwand gehängt werden kann. Das ist ein eindeutiger Hinweis auf Piraten.«

Einig sind sich die Soldaten von Northwood nicht nur in der Zusammenarbeit, einig sind sie sich auch in der Beantwortung der Frage, wie lange sie sich noch mit der Abwehr von Piratenüberfällen am Horn von Afrika beschäftigen müssen. Mit einer kurzfristigen Lösung rechnet niemand von ihnen.

Kreuzfahrtschiffe wären für Piraten, aber auch für Terroristen die wertvollste Beute, mit der sich hohe Lösegeld- oder politische Forderungen verbinden ließen. Entsprechend stark werden sie geschützt, wie dieses Bild beim Einlaufen der QUEEN MARY 2 in den Hafen von New York zeigt. (Foto: US-Navy)

Wie gefährdet sind Kreuzfahrtschiffe?

Die Piraten nutzten die Stille der warmen Tropennacht, sie kamen im April 2009 fast unbemerkt in einem kleinen Boot an das Heck des italienischen Kreuzfahrtschiffes MSC MELODY heran. Enterhaken flogen, mit einem kaum zu hörenden metallischen Klick rasteten sie an der Reling ein, dann kletterten Piraten über die anhängenden Leinen die Bordwand hinauf. So weit draußen auf See hatte niemand mit Überfällen gerechnet, immerhin fuhr das Schiff während einer Kreuzfahrt von Durban in Südafrika nach Genua 300 Kilometer nördlich der Seychellen und mehr als 1.000 Kilometer entfernt von der gefährlichen somalischen Küste.

Es waren Passagiere, die den Überfall zuerst bemerkten, weil sie an der Poolbar nach einem Klassikkonzert noch einen Absacker tranken. Sie zögerten nicht lange. Einige alarmierten Kapitän Ciro Pinto, andere griffen sich Liegestühle und Deckstühle und warfen sie auf die Gestalten, die sich an langen Seilen an der Bordwand emporzogen. Einer der direkt getroffenen Piraten ließ seine Leine los und stürzte ins Meer. Andere schossen aus sechs Kalaschnikow-Schnellfeuergewehren blindlings nach oben, um sich gegen die werfenden Passagiere zu wehren. Die Passagiere warfen weitere Gegenstände, gingen in Deckung vor den Geschossen und warfen erneut.

Mittlerweile hatte Kapitän Ciro Pinto den Safe geöffnet und den Sicherheitsleuten des Schiffes ihre Pistolen ausgehändigt. Sie stürmten zum Achterdeck

Ein US-Soldat untersucht die Schäden, die Piraten an dem Kreuzfahrtschiff SEABOURN SPIRIT angerichtet haben.
(Foto: US-Navy)

und eröffneten das Feuer auf die Piraten. Deren Boot drehte daraufhin ab, wobei sie immer noch feuerten. Rund 50 Schüsse meinte man auf dem Kreuzfahrtschiff gehört zu haben. Geschosse ließen Fenster zersplittern, stanzten Vertiefungen in Stahlplatten und trafen nach Aussagen von Passagieren auch Menschen. Ein Mann, der Stühle über die Reling geworfen hatte, wurde demzufolge am Bein getroffen, ein Steward erlitt einen Streifschuss am Kopf. Die Reederei jedoch teilte mit, es sei niemand verletzt worden. Die Wahrheit ist schwer zu überprüfen, man hätte dabei sein müssen.

In den Medien machten Passagiere später dem Kapitän und der Reederei Vorwürfe, keine Wachen aufgestellt sowie die Passagiere unzureichend informiert zu haben. Umgekehrt wunderte sich eine Reedereimitarbeiterin später angesichts von Passagieraussagen in den Medien, wie viele von ihnen plötzlich an der Verteidigung des Schiffes beteiligt gewesen sein wollten und sich vor laufenden TV-Kameras in Szene setzten.

Die internationale Reederei MSC Crociere bestätigte die Schilderungen der Kreuzfahrtteilnehmer als »authentisch«. »Die Passagiere haben die Angreifer behindert, verscheucht wurden sie von den Schüssen unserer Sicherheitsleute«, sagte Unternehmenschef Pierfrancesco Vago. »Wir waren professionell, aber wir haben auch Glück gehabt.«

Die Reederei zog Konsequenzen aus dem Angriff. »Wir werden nicht mehr in die gefährdeten Gebiete des Indischen Ozeans vor der somalischen Küste fahren«, sagte Vago. Eine geplante Fahrt eines anderen Schiffes im Herbst werde verlegt: »Wir werden diese Route nicht fahren und stattdessen eine nehmen, die an Westafrika vorbeiführt.«

Daraus, dass Reedereien mehr als bisher über den Schutz ihrer Schiffe nachdenken müssen, machte Pierfrancesco Vago abschließend keinen Hehl. »Wir haben uns bisher mehr Gedanken um Fisch-Spezialitäten oder guten Wein gemacht als über Attacken auf hoher See«, sagt der italienische Reeder. Zu den bisherigen Sicherheitsvorkehrungen sagte er nur, auf den MSC-Schiffen fahren seit 25 Jahren fast immer Sicherheitsleute mit. Ihre Waffen aber müssten aufgrund der internationalen Rechtsbestimmungen in einem Tresor lagern. Erst bei einem Alarm dürfe der Kapitän sie ausgeben.

Im Zusammenhang mit dem Zwischenfall um die MSC MELODY wurde erstmals offen über Sicherheitskräfte an Bord von Kreuzfahrtschiffen gesprochen, denn Sicherheitsaspekte zählen zum bestgehüteten Geheimnis der Unternehmen. Von so genannten Schallkanonen, die einen so aggressiven Ton abstrahlen, dass sie alle Versuche unmöglich machen, sich dem Schiff zu nähern, ist immer wieder die Rede. Doch womit sie ihre Schiffe letztendlich schützen, darüber schweigen alle Reedereien. Bekannt ist nur, dass es solche Geräte gibt und sie speziell für den Einsatz auf Schiffen konstruiert wurden.

Ein voll besetztes Kreuzfahrtschiff zu kapern, wäre für eine Piratencrew der ganz große Wurf. Mehrere tausend Menschen wären ein wertvolles Faustpfand für Lösegeldverhandlungen. »Dann spricht man nicht mehr mit Reedereien, dann spricht man mit Regierungen«, soll einer der Piratenführer bereits in einem Telefongespräch mit einer Presseagentur gesagt haben. Andererseits ist es schwer, so viele Menschen mit einer kleinen Piratencrew in Schach zu halten. Im Fall der MSC MELODY gibt es daher zwei mögliche Szenarien. Entweder wollten die Seeräuber den Passagieren ihre Geldbörsen, Schmuck und Uhren abnehmen und den Schiffssafe ausräumen, bevor sie blitzschnell wieder verschwanden. Oder es lagen andere Piratenboote rund um ein Mutterschiff bereit, um nach dem ersten Angriff Verstärkung zu bringen.

Dafür gibt es Anzeichen: Kurz nach dem gescheiterten Angriff und nachdem der Kapitän die internationalen Kriegsschiffe alarmiert hatte, klingelte auf der Brücke das Satellitentelefon. »Sie sind angegriffen worden, sie brauchen Hilfe«, sagte eine Stimme in gebrochenem Englisch. »Geben Sie uns Ihre Koordinaten durch und wir kommen zu Ihnen.«

Die Anfrage ist verständlich. »Das Schiff war komplett verdunkelt, für die Piraten unsichtbar«, erklärte MSC-Chef Vago, »deshalb sind wir uns mittlerweile sicher, dass die Seeräuber versuchten, uns mit Hilfe der Positionsdaten erneut zu überfallen.«

Kapitän Pinto kam der Anruf sofort merkwürdig vor. Da der verdächtige Anrufer seinen Schiffsnamen nicht nennen wollte, gab er die Schiffsposition nicht durch. Möglicherweise hat dies den Passagieren und der Besatzung einen weiteren Angriff von Piraten erspart.

Im Hintergrund des Gesprächs glaubt der Kapitän Straßengeräusche gehört zu haben. Ganz offensichtlich habe ein Komplize der Kriminellen von Land aus versucht, den Piraten auf dem Meer Hilfe zu leisten – so lautet jedenfalls Vagos Theorie.

Während ihr Kreuzfahrtschiff C. COLUMBUS auf Weltreise war, stand die Geschäftsleitung der Reederei Hapag-Lloyd Kreuzfahrten in Hamburg vor einer schwierigen Entscheidung. Die vorgesehene Route führte Anfang Dezember 2008 durch pirateriegefährdete Gewässer. Eine Reisewarnung des Auswärtigen Amtes für das Seegebiet und möglicherweise drohende Piratenangriffe lag bereits vor.

Das Unternehmen entschied aus Sicherheitsgründen, alle Passagiere im Jemen an Land gehen zu lassen, sie nach Dubai zu fliegen und dort wieder einzuschiffen. Nur mit der Besatzung, ohne Gäste an Bord, fuhr die C. COLUMBUS dann durch den Golf von Aden. Von der Routenänderung erfuhren die Gäste nach Darstellung der Reederei sofort, nachdem die Reisewarnung veröffentlicht worden war, also sieben bis zehn Tage vor Reisebeginn. Sie hätten die Möglichkeit zu stornieren, sagte Negar Etminan von Hapag-Lloyd Kreuzfahrten in Hamburg, davon habe aber kaum jemand Gebrauch gemacht. Eine völlig andere Route zu wählen, schied für die Reederei aus.

»Der Golf von Aden ist die wichtigste Verbindungsstrecke in den Orient. Die Alternative wäre eine 30 Tage dauernde Seepassage rund um Afrika gewesen. Die aber hätte niemand gebucht«, erklärte Negar Etminan weiter. »Hätten wir die Region ganz aus dem Fahrplan gestrichen, dann wären die nächsten drei Reisen der C. COLUMBUS davon betroffen.«

Nach ihrer Darstellung hatte sich die Reederei um einen militärischen Geleitschutz bemüht. Negar Etminan: »Eine solche Zusage haben wir nicht bekommen. Wir können uns dort nicht einfach anmelden und sagen, wir wollen von dann bis dann Geleitschutz haben. Wenn ein Schiff während seiner Patrouillen in der Nähe ist, dann wird es gewährt, aber man kann das nicht planen. Deshalb haben wir uns für eine Passage ohne Passagiere an Bord entschieden.«

Ein Passagierschiff zu kapern wäre für Piraten der große Fang, denn längst geht es ihnen nicht mehr darum, den Fahrgästen Schmuck und Bargeld abzunehmen, sondern nur noch um Lösegeld. Das zeigte der Überfall auf die Luxuskreuzfahrtyacht LE PONANT im April 2008. Kreuzfahrtgäste waren zu diesem Zeitpunkt nicht an Bord, es handelte sich um eine Überführungsfahrt ins Mittelmeer, als ein Fischerboot plötzlich den Kurs kreuzte und Piraten an Deck enterten. Rund eine Woche war die Besatzung in der Hand der Piraten, es soll ein Lösegeld von zwei Millionen Dollar geflossen sein, bevor sie ihre Freiheit wieder bekam. Lange konnten sich die Piraten an ihrem Geld aber nicht erfreuen. Sechs der Piraten nahmen französische Soldaten nach einer Verfolgungsjagd gefangen. Sie wurden der französischen Justiz übergeben. Auf diesen Fall wird noch näher einzugehen sein.

Während LE PONANT als Yacht nur ein geringes Freibord hat, das Deck also vom Wasserspiegel aus recht einfach zu erreichen ist, scheinen die hohen Bordwände der schnell fahrenden Kreuzfahrtschiffe uneinnehmbar zu sein. Deshalb trauten die Passagiere des amerikanischen Schiffes NAUTICA ihren Augen nicht, als sich im Golf von Aden Schlauchboote näherten und deren Insassen sofort aus Gewehren das Feuer eröffneten. »Wir hätten nie gedacht, dass die Männer verrückt genug sind, ein Kreuzfahrtschiff anzugreifen«, sagte später Wendy Armitage aus Wellington, Neuseeland. Der Kapitän ließ die Geschwindigkeit erhöhen, so gelang es den Piraten zu entkommen. Sie drehten sofort ab, nachdem auch noch ein französischer Hubschrauber zum Tiefflug auf ihre kleinen Boote ansetzte.

Die hohe Geschwindigkeit ihres Schiffes DEUTSCHLAND von 21 Knoten ist auch für die deutsche Reederei Deilmann ein wichtiges Sicherheitsargument. Außerdem halte die DEUTSCHLAND im Golf von Aden grundsätzlich einen Abstand von 400 Seemeilen zur Küste Somalias, verstärke bei Bedarf die Brückenwachen und halte Kontakt zu den im Gebiet stationierten Marineverbänden, sagte ein Unternehmenssprecher. Die Fahrgäste von Bord zu bringen, sei für die Reederei keine Alternative.

Eine besondere Attraktion für die Passagiere des Kreuzfahrtschiffes DEUTSCHLAND der Reederei Peter Deilmann auf seinem Weg von Muskat nach Suez war eine Begegnung mit der deutschen Fregatte RHEINLAND-PFALZ. Das Traumschiff aus der gleichnamigen Fernsehserie wurde rund eine Stunde lang von dem deutschen Kriegsschiff begleitet, bevor es seinen Kurs änderte, um in Mombasa neun gefangene Piraten an die kenianischen Behörden zu übergeben. Später stellte die Reederei die zufällige Begegnung so dar, als hätte ihr Schiff einen speziellen Schutz genossen. Das wiederum sorgte für Verstimmung bei der Deutschen Marine.

Von einem versuchten Piratenangriff auf das deutsche Kreuzfahrtschiff ASTOR berichteten Schlagzeilen Anfang Dezember 2008. Doch bei genauer Betrachtung ist nicht sicher, ob es sich wirklich um eine Piratenattacke handelte. Die deutsche Fregatte MECKLENBURG-VORPOMMERN bemerkte in dem Seegebiet zwei Schnellboote, die auf geradem Kurs auf die ASTOR zusteuerten. Das Marineschiff schob sich zwischen die Boote und das Kreuzfahrtschiff. Doch diese behielten Kurs und Geschwindigkeit bei. Sie drehten erst in jemenitische Hoheitsgewässer ab, nachdem deutsche Soldaten drei Salven als Warnschüsse aus einem Maschinengewehr abfeuerten.

»Die 492 Passagiere an Bord haben von dem Vorfall überhaupt nichts bemerkt«, sagte John Will, Sprecher der Reederei Transocean Tours. »Die Schiffsleitung fühlte sich nicht angegriffen und hat auch keinen Notruf gesendet.« Auch Transocean wird weiter in dem Seegebiet fahren.

Trotz der geschilderten Zwischenfälle gelten Kreuzfahrten durch den Golf von Aden nicht als ausgesprochen unsicher. Die hohen Geschwindigkeiten bis zu 25 Knoten und steil aufragende Bordwände erschweren es, ein Passagierschiff zu entern.

Dass Kreuzfahrtschiffe mit ihren hohen Geschwindigkeiten reelle Chancen haben, Schnellbooten von Piraten zu entkommen, bewies die BALMORAL der Reederei Fred. Olsen Lines im Juli 2009. Während einer Weltreise musste das 218 Meter lange Passagierschiff auch den Golf von Aden durchqueren. Da entdeckten Mannschaftsmitglieder und Passagiere in einer Entfernung von etwa fünf Meilen ein Schnellboot, das sich ihnen mit hoher Geschwindigkeit näherte. An Bord waren durch Ferngläser Männer mit Schnellfeuergewehren und Panzerfäusten zu erkennen.

Die Sicherheitsleute hatten anscheinend keine Waffen an Bord, denn sie bastelten Gewehrattrappen aus Holz, in der Hoffnung, dieser Anblick würde die Piraten abschrecken. Währenddessen wurden die rund 1.300 Passagiere unter Deck geschickt und der Kapitän alarmierte ein Schiff der US-Marine. Als das Schnellboot sich auf 500 bis 400 Meter genähert hatte, leitete der Kapitän einen Zickzackkurs ein. Damit gelang es ihm tatsächlich, den Piraten zu entkommen.

Ihre hohe Geschwindigkeit rettete auch die SEABOURN SPIRIT. Sie gilt als Schiff der Luxusklasse. Mit nur 134 Meter Länge und den schnittigen Formen wirkt sie eher wie eine Yacht. An Bord finden 208 Passagiere Platz, die von 161 Besatzungsmitgliedern betreut werden. Im November 2005 fuhr sie mit 151 Passagieren, unter denen auch 19 Deutsche waren, von Alexandria durch den Suezkanal und hatte den kenianischen Hafen Mombasa zum Ziel. Da rasten durch das grünblaue Wasser drei schmale Schnellboote auf das Schiff zu. Die Männer an Bord trugen Schnellfeuergewehre und Panzerfäuste.

Als sie das Feuer auf die SEABOURN SPIRIT eröffneten, traf eine Panzerabwehrgranate das Schiff, herumfliegende Splitter verletzten einen Matrosen leicht.

Kapitän Sven Erik Pedersen erfasste die Lage sofort. Er löste keinen Alarm aus, weil dies die Passagiere auf die offenen Decks gelockt hätte, wo sie leichte Ziele für die Waffen der Piraten geworden wären. Stattdessen befahl er ihnen über die

Lautsprecheranlage, sich von den Fenstern zu entfernen, die Decks zu verlassen und sich in der Mitte des Schiffes unter Deck in Sicherheit zu bringen.

Dann schob Pedersen den Gashebel für die Maschinen nach vorn, nahm Kurs auf die offene See und fuhr den Piraten davon. Dabei änderte er den Kurs von Mombasa auf die Seychellen. Später traf er sich auf hoher See mit dem US-Zerstörer USS GONZALEZ. Sprengstoffexperten der Navy untersuchten ein gefährlich erscheinendes Objekt, das immer noch in einer Stahlplatte steckte. Sie stellten aber zur Beruhigung fest, dass es sich nicht um den Sprengkopf der Panzerfaust handelte, sondern um einen Teil von deren Antrieb. Die eigentliche Granate war zuvor außen an der Bordwand detoniert.

Einen anderen Weg als das Aufentern, um ein Passagierschiff in ihre Hand zu bekommen, wählten 70 portugiesische Rebellen unter Führung des ehemaligen Armee-Hauptmanns Henrique Galvão im Januar 1961. Der Offizier wollte nach seinen Worten die Aufmerksamkeit der Welt auf den Polizeistaat in Portugal unter Antonio de Ouveira Salazar (Ministerpräsident von 1932 bis 1968) lenken. Gleichzeitig protestierte er gegen das Franco-Regime in Spanien.

Die Männer hatten die Waffen in der venezolanischen Hafenstadt La Guaira unbemerkt in Koffern an Bord der SANTA MARIA gebracht. Auf dem Weg von Curaçao nach Port Everglades stürmten die Rebellen, mit Maschinenpistolen, Gewehren und Handgranaten bewaffnet, in der Nacht zum 22. Januar die Brücke des Schiffes, das 607 Passagiere an Bord hatte. Zwei Offiziere, die sich den Piraten in den Weg stellten, wurden getötet. Unter den Passagieren brach eine Panik aus. Mit vorgehaltenen Waffen wurden sie unter Deck geschickt.

Den Kapitän zwangen die Entführer zur Kursänderung. Galvão kreuzte mit der gekaperten SANTA MARIA ohne Funkkontakt durch die Karibik. Britische, amerikanische, portugiesische und spanische Kriegsschiffe suchten vergeblich nach dem entführten Schiff.

Am 31. Januar, dem zehnten Tag nach der Entführung, erreichte die SANTA MARIA den nordbrasilianischen Hafen Recife. Nach zweitägigen Verhandlungen wurden die Geiseln frei gelassen, nachdem die brasilianische Regierung Henrique Galvão und seinen Gefährten Straffreiheit zugesichert hatte. Anfang Februar 1962 übergab Henrique Galvão den gekaperten Luxusdampfer SANTA MARIA formell den brasilianischen Behörden. Von einem portugiesischen Gericht wurde Galvão später in Abwesenheit zu 22 Jahren Haft verurteilt. Doch er kehrte nie in sein Land zurück, sondern bat in Brasilien um politisches Asyl, das ihm gewährt wurde. Bis zu seinem Tod 1970 lebte er in Belo Horizonte.

So wie bei der SANTA MARIA waren auch spätere Entführungen von Passagierschiffen fast immer politisch motiviert und keine Akte klassischer Piraterie. Eine der spektakulärsten Entführungen war diejenige der ACHILLE LAURO mit etwa 400 Menschen an Bord im Jahr 1985.

Am 7. Oktober war das Schiff auf einer zweiwöchigen Mittelmeerkreuzfahrt von Alexandria nach Port Said ausgelaufen, als vier palästinische Terroristen der Palestine Liberation Front (PLF) es in ihre Gewalt brachten.

Eigentlich hatten sie einen Anschlag auf den israelischen Hafen Aschdod geplant, den die ACHILLE LAURO als Ziel hatte. Dafür hatten sie Waffen an Bord geschmuggelt, weil sie glaubten, als Passagiere eines Kreuzfahrtschiffes beim Landgang weniger intensiv kontrolliert zu werden. Als Besatzungsmitglieder sie beim Hantieren mit den Waffen entdeckten, gerieten sie in Panik und beschlossen erst als Panikreaktion, das gesamte Schiff in ihre Gewalt zu bringen.

Dem Kapitän befahlen sie, den Hafen von Tartus in Syrien anzulaufen. Gleichzeitig verlangten sie Verhandlungen mit den Botschaftern Italiens, der USA, Großbritanniens und der Bundesrepublik Deutschland.

Sie drohten damit, einen Passagier nach dem anderen zu töten, falls der Staat Israel nicht umgehend 50 inhaftierte, des Terrors bezichtigte Palästinenser oder deren Gesinnungsgenossen frei ließe. Als einziger Nichtpalästinenser sollte aus französischer Haft der deutsche Neonazi und PLF-Offizier Odfried Hepp freigepresst werden, der unter dem Kampfnamen Omar Saad Tariq jahrelang für die PLF agierte.

Sollte jemand versuchen, die Passagiere zu retten oder die Geiselnehmer anzugreifen, würden sie das gesamte Schiff in die Luft sprengen, drohten die Piraten. Unter den Passagieren wollten sie zuerst die amerikanischen Staatsbürger töten. Um ihren Forderungen Nachdruck zu verleihen, schossen sie nach Augenzeugenberichten dem teilweise gelähmten amerikanischen Touristen Leon Klinghoffer (69), der jüdischer Abstammung war, aus nächster Nähe in den Kopf und warfen ihn danach mitsamt seinem Rollstuhl über Bord.

Danach begann eine Irrfahrt durch das östliche Mittelmeer. Die Regierungen in den USA und Italien planten eine militärische Befreiungsaktion in internationalen Gewässern und intervenierten bei den Staaten, deren Häfen angesteuert werden sollten. So verweigerten die syrischen Behörden der ACHILLE LAURO die Einfahrt in den Hafen Tartus. Auch Zypern, das die Entführer als nächstes anlaufen wollten, lehnte ab. Doch dann waren sich die Regierungen in Rom und Washington nicht mehr einig. Die italienische Regierung unter Bettino Craxi erlaubte den Entführern, wieder Kurs auf Port Said zu nehmen, die USA waren dagegen. In dem Hafen am Eingang des Suez-Kanals folgten zähe Verhandlungen. Schließlich wurde den Terroristen freier Abzug in ein Land ihrer Wahl garantiert, wenn sie ihren Geiseln keinen weiteren Schaden zufügen würden.

Doch so einfach wollten die USA die Terroristen nicht entkommen lassen. Zu frisch war noch die Erinnerung an den TWA-Flug 847, der wenige Monate zuvor von palästinensischen Terroristen entführt und zwei Wochen lang in Beirut festgehalten worden war. Dabei hatte ebenfalls ein US-Bürger den Tod gefunden. Seinerzeit konnten die Entführer flüchten. Die Regierung unter Ronald Reagan war fest entschlossen, der Terroristen diesmal habhaft zu werden.

US-Geheimdienste hatten ein Gespräch des ägyptischen Präsidenten Mubarak in seinem Büro abgehört, in dem den Entführern freies Geleit in einer ägyptischen Passagiermaschine nach Algier zugesichert wurde. Die US-Navy fing daraufhin mit vier F-14 Tomcat-Jagdflugzeugen, die vom Flugzeugträger USS SARATOGA gestartet waren, das Flugzeug der Entführer ab und zwang es auf dem Luftwaffenstützpunkt Sigonella auf Sizilien zur Landung. Dabei entstand eine absurde Situation. Rund 50 Elitesoldaten der US-amerikanischen Delta Force umstellten das Flugzeug, um die Entführer zu verhaften. Währenddessen waren sie selbst von Soldaten der italienischen Luftwaffe und Carabinieri mit schwerem Gerät umstellt, weil sie italienische Hoheitsrechte verletzt hatten. Die Landung der beiden US-Transportmaschinen mit den US-Spezialeinheiten an Bord war zuvor mit der italienischen Regierung nicht abgesprochen und ihnen daher zunächst keine Landegenehmigung erteilt worden. Erst nach über fünf Stunden verzichteten die US-Amerikaner auf die von ihnen beabsichtigte Festnahme der Entführer und deren Transport in die USA.

An den Verhandlungen während der Entführung der ACHILLE LAURO waren die damaligen Präsidenten der USA, Italiens, Ägyptens und verschiedener anderer Länder persönlich beteiligt.

Doch die diplomatischen Verwicklungen um die Festnahme der Terroristen waren damit noch nicht zu Ende. Ägypten hatte die ACHILLE LAURO mittlerweile festgesetzt und erklärt, das italienische Schiff erst dann freizugeben, wenn Italien das ägyptische Flugzeug ziehen ließe. Die PLO-Vertreter und Abu Abbas an Bord des Flugzeuges nahmen für sich mittlerweile diplomatische Immunität in Anspruch. Craxi wollte die guten italienischen Beziehungen zu Ägypten nicht riskieren und erlaubte dem Piloten der ägyptischen Boeing 737, nach Rom zu fliegen. Die US-Navy schickte der in Richtung Rom gestarteten Passagiermaschine zur Sicherung US-amerikanischer Interessen ein Kampfflugzeug bis zum Flughafen Ciampino hinterher, wo der US-Pilot eine Notlandung vortäuschte. Rom forderte daraufhin sofort eine Entschuldigung von Washington. In den USA stellte man mittlerweile Haftbefehle aus, die an Interpol weitergeleitet wurden, und bereitete sich bereits darauf vor, die vier Entführer und Abu Abbas, die von Italien ausgeliefert werden sollten, in den Vereinigten Staaten wegen Geiselnahme, Piraterie und Verschwörung vor Gericht zu stellen. Craxi sah jedoch keine Möglichkeit, Abbas länger festzuhalten, obwohl ihn Reagan persönlich zusammen mit dem US-Botschafter in Italien, der Abbas' langjährige Verwicklungen in terroristische Aktivitäten darlegte, dringend darum gebeten hatte.

Die italienische Crew an Bord der ACHILLE LAURO war mittlerweile zum zweiten Mal zu Geiseln geworden. Diesmal der Ägypter. Mubarak bezeichnete die USA öffentlich als »internationale Piraten« und Arafat drängte Craxi, Abbas ziehen zu lassen, da die PLO sonst keine Garantien mehr für das Schicksal des in Ägypten festgehaltenen Schiffes und seiner Besatzung geben könne. Der italienische Präsident entschied, Abbas die Ausreise nach Belgrad zu erlauben, von wo aus er über Aden nach Bagdad weiterflog. Es wurde berichtet, Reagan sei daraufhin außerordentlich verärgert gewesen und habe sogar mit dem Gedanken gespielt, den US-Botschafter aus Rom abzuberufen.

Um die drohende Regierungskrise in Italien abzuwenden und eine Machtübernahme der Kommunisten zu verhindern, sandte Ronald Reagan einen versöhnlichen Brief an Bettino Craxi, der später als »Dear Bettino Letter« bekannt wurde.

Unter dem Verdacht, den Entführern mit Waffen, Sprengstoff und gefälschten Papieren geholfen zu haben, wurden sechs weitere Palästinenser verhaftet und vor ein italienisches Gericht gestellt. Gegen einen der Entführer wurde die Anklage fallen gelassen, während die anderen drei weiterhin angaben, ihre »Mission« sei als Anschlag auf den israelischen Hafen Aschdod geplant gewesen, wohin die ACHILLE LAURO ja eigentlich unterwegs gewesen sei. Magied al-Molqi, den Anführer der Geiselnehmer, dem der Mord an Klinghoffer zur Last gelegt wurde, verurteilte ein Gericht zu 30 Jahren Gefängnis. Er entkam im Februar 1996 nach Spanien, als er vom italienischen Magistrat wegen guter Führung für zwölf Tage auf freien Fuß gesetzt worden war. Dort wurde er wieder gefasst und zurück an Italien ausgeliefert. Die Staatsanwaltschaft hatte für ihn ursprünglich lebenslange Haft gefordert. Ibrahim Abdel Atif erhielt 24 und Ahmed Al-Hassani 15 Jahre Haft. Abu Abbas und zwei andere PLF-Offizielle wurden in Abwesenheit zu lebenslänglichen Haftstrafen verurteilt.

In den USA wurde die PLO für ihre Verwicklung in den Tod von Leon Klinghoffer verantwortlich gemacht. Die Anklage wurde fallen gelassen, als die Palästinenserorganisation angeblich eine Summe an Klinghoffers Töchter überwies, die den Grundstock für die Leon-und-Marilyn-Klinghoffer-Gedächtnisstiftung der Anti-Defamation League (ADL) gegen Terrorismus bildeten.

Die Entführung der ACHILLE LAURO verarbeitete der amerikanische Komponist John Adams in der Oper »The Death of Klinghoffer«. Außerdem wurde die Entfüh-

Das italienische Kreuzfahrtschiff ACHILLE LAURO *wurde 1985 von Terroristen entführt. Passagiere und Besatzung wurden zu Geiseln.*   (Foto: Freemantle Port)

rung der ACHILLE LAURO zweimal verfilmt, dabei spielten Karl Malden im ersten und Burt Lancaster im zweiten Film die Rolle des Leon Klinghoffer. Eine Schiffsentführung war zur Legende geworden.

Die französische Kreuzfahrtyacht LE PONANT wurde von Piraten überfallen. Die französische Marine startete eine Befreiungsaktion. (Foto: AP)

Die Entführung von LE PONANT

Für den französischen Kapitän Patrick Marchesseau sollte es eigentlich eine einfache Überführungsfahrt werden. Doch sie entwickelte sich zum gefährlichsten Abenteuer seines Lebens. Er hatte den Auftrag, mit seiner 30 Mitglieder starken Crew das 88 Meter lange Segelkreuzfahrtschiff LE PONANT von den Seychellen in den Jemen zu bringen. Passagiere waren nicht an Bord, sie sollten erst im Jemen zusteigen, 60 Amerikaner. Während der Fahrt nutzte die Crew die Zeit, alle jene Arbeiten zu erledigen, die sich schlecht ausführen lassen, wenn Gäste an Bord sind, beispielsweise die umfangreiche Wartung der 1.600 kW leistenden Dieselmaschine, die zwischendurch oft stark belastet worden war. Während die Maschinisten tief unten im Schiff mit öligen Händen schraubten, überprüfte Marchesseau auf der Kommandobrücke noch einmal das Ship Security Alert System (SSAS). Das ist ein elektronisches Alarmsystem, das nach den Attentaten vom 11. September auf Schiffen weltweit eingeführt wurde. Es soll der Schiffsführung ermöglichen, unbemerkt ein verdecktes Alarmsignal an eine Behörde des Flaggenstaates zu übermitteln, wenn die Sicherheit des Schiffes bedroht oder beeinträchtigt ist. Für die Bundesrepublik Deutschland beispielsweise wurde dafür als zuständige Behörde der Point of Contact (PoC) in Cuxhaven eingerichtet.

Während der Lösegeldverhandlungen lag eine Fregatte
der französischen Marine in der Nähe und beobachtete
den Segler. (Foto: Marine Nationale)

Marchesseau wusste, dass ein pirateriege-
fährdetes Gebiet vor ihm lag. Doch er hatte keine
andere Wahl. Um von den Seychellen in den Je-
men zu segeln, konnte er das Gebiet nicht umfahren. In den nächsten Tagen bereitete er deshalb die Crew auf die Passage des Golfes von Aden vor. Er rief die Mannschaft zusammen und erläuterte: »Ab heute Nachmittag gibt es eine Sichtwache
am hinteren Teil des Schiffes, zusätzlich zu der Wache auf der Kommandobrücke.
Ihr wisst, dass die Piraten mit Vorliebe tagsüber angreifen, indem sie über die Bade-
plattform kommen. Zusätzlich zu den Wachhabenden auf der Kommandobrücke
werdet ihr euch rund um die Uhr ablösen, alle zwei oder vier Stunden. Ihr braucht
ein Fernglas und ein Funkgerät, um euch mit dem Steuermann verständigen zu
können.« Die Frauen in der Crew wurden jeweils einem männlichen Besatzungs-
mitglied zugeteilt.

Dann erklärte Kapitän Marchesseau die weiteren Vorsichtsmaßnahmen: »Achtern werden wir Schleppnetze befestigen, sechs Stück, die wir hinter uns her ziehen, bis wir den Gefahrenbereich verlassen haben. Damit wollen wir vermeiden,
dass die Angreifer an Bord kommen, sondern sich ihre Schiffsschrauben in den
Netzen verfangen.«

Der Kapitän bemerkte, wie sich unter einigen Crewmitgliedern Unruhe breit
machte. Sie hatten für einen Traumjob auf einem yachtartigen Schiff angeheu-
ert, standen unter blauem tropischen Himmel und fuhren durch tiefblaues
warmes Wasser. Und plötzlich sahen sie sich mit einem Phänomen konfrontiert, von dem sie bislang allenfalls zu ihrer Jugendzeit in Abenteuerbüchern
gelesen hatten.

Um zu beweisen, wie ernst die Situation trotz allem war, verlas der Kapitän
laut die Mitteilung des Piracy Reporting Center (PRC) vom Vortag: »Am 1. April
2008 haben drei Schnellboote einen Chemietransporter im Golf von Aden angegriffen. Die Piraten waren mit schweren Waffen und Raketenwerfern ausgestattet. Der Kapitän hat beschleunigt und Fluchtmanöver unternommen, so dass
die Angreifer aufgegeben haben. Am Schiffsrumpf und auf einem der Rettungs-
boote konnten Einschussstellen festgestellt werden. Eine Stunde später haben
sich fünf Schnellboote versammelt und den Chemietransporter abermals verfolgt. Dieser hat seine Fluchtmanöver wiederholt, um zu vermeiden, dass die
feindlichen Schiffe andocken.«

Nachdem die Piraten das Schiff verlassen hatten, enterten französische Soldaten auf. (Foto: Marine Nationale)

Die Gesichter der Besatzungsmitglieder wurden immer ernster. Aber der Kapitän schilderte auch, dass die Mannschaft die Piraten nicht ohne Gegenwehr an Bord lassen würde:

»Im Falle eines Piratenüberfalls werden wir so schnell wie möglich die Wasserschläuche ausrollen, an Backbord, an Steuerbord und auch die hinter der Hauptbrücke. Bitte Knoten im Schlauch vermeiden ...

Bei einem Angriff werden wir so die Eindringlinge zurückwerfen. Wir brauchen dann nur noch das Wasser anzudrehen. In der Regel funktioniert es ganz gut.«

»Wenn die Gefahr konkreter wird, will ich alle Männer auf der Brücke haben. Die Frauen verstecken sich im Lagerraum 1, unter den Besatzungskabinen. Ihr geht raus, wenn ihr Anweisungen bekommt – verstanden?«

Wegen der erkennbaren Unruhe erinnerte Marchesseau seine Crew daran, dass LE PONANT bereits zwölf Mal problemlos durch diese Zone gefahren ist und die Route täglich von Dutzenden von Schiffen benutzt wird. Aber Seeleute sind abergläubisch: »Zwölf Mal«, bemerkt einer von ihnen. »Es ist also jetzt das dreizehnte Mal ...«

Zur Beruhigung erinnerte Marchesseau an das Abkommen zwischen dem französischen Staat und der Reederei über die »freiwillige Seekontrolle«, das auch die LE PONANT betrifft. Sie sieht vor, dass das Schiff täglich die französische Kriegsmarine über seine Route informiert, damit es mit den vorhandenen See- und Luftmitteln optimal geschützt werden kann.

Aber damit waren die Vorsichtsmaßnahmen noch nicht am Ende. Mit Genehmigung der Behörden und auf Empfehlung der französischen Kriegsmarine fuhr die Yacht ohne Licht. Alle Scheiben und der große Bildschirm an Deck waren mit schwarzen Müllsäcken oder Pappstücken abgedeckt und verklebt. Dann schaltet der Kapitän die AIS-Anlage aus, über die sich ein Schiff im weiten Umkreis orten lässt. Über AIS kann jedes andere Schiff in einem Radius von 50 Meilen sehen, welchen Standort ein anderes Schiff hat, wie schnell es fährt und welche Manöver es eingeleitet hat. Längst sind auch Piratenschiffe mit diesen Geräten ausgestattet. Indem Kapitän Marchesseau es ausschaltete, sorgte er dafür, dass die Piraten ihn nicht mehr anpeilen konnten. Doch auch für andere Schiffe in dem viel befahrenen Seegebiet war LE PONANT nun nicht mehr zu orten – nachts also ein Geisterschiff.

Aber die Piraten, die das Luxusschiff schließlich überfielen, kamen am hell-lichten Tag. Die Besatzung räumte gerade die Reste des Mittagessens beiseite, als jemand rief: »Hey, Kapitän! Sind das nicht Boote dort drüben?« In einer Wolke aus Gischt näherten sie sich mit voller Geschwindigkeit. Der Kapitän stürzte zur Kommandobrücke und rief eine Nachricht über den Bordlautsprecher: »Alle sofort antreten! Die Frauen in den Lagerraum 1! Alle Männer zur Abschreckung auf die Brücke!«

Die Mannschaft erwartete die Piraten von achtern, hoffte, dass die Propeller der Boote sich in den Netzen verfangen. Aber die zwei weißen Boote wurden lang-samer und legten an Steuerbord an. Marchesseau konnte insgesamt acht Mann erkennen, alle mit automatischen Waffen. Einer hob den linken Arm und gab das Zeichen zum Anhalten. Der Kapitän schaltete sofort die SSAS-Alarmanlage an, um die Außenwelt über die drohende Gefahr zu informieren.

Die Piraten waren jung, dürr, die meisten wirkten ausgehungert. Sie trugen einfache Lendenschurze oder zerschlissene Hosen. Aber alle hatten sie Waffen. Der offensichtliche Anführer war etwa 30 Jahre alt, kaute Kat, die berauschenden Blätter. Er gab sofort die Anweisung, das Schiff anzuhalten. Die Verständigung war schwierig, das Englisch des Anführers sehr schlecht.

Er nahm sofort alle Telefone und Funkgeräte an sich.

Die Piraten reagierten nach dem ersten Durchsuchen des Schiffes enttäuscht. In der Kasse der Bordboutique fanden sie noch nicht einmal tausend Euro. Der Safe des Kapitäns dagegen war so gut versteckt, dass die Piraten ihn nicht entdeckten. Dafür begeisterten sie sich für sportliche Bekleidung aus der Boutique mit dem eingestickten Schiffsnamen.

Die von Marchesseau heimlich ausgelösten Notsignale wurden wahrgenommen. Gut eine Stunde später kreiste ein kanadischer Militärhubschrauber über der LE PO-NANT. Die Piraten reagierten darauf ziemlich gleichgültig. Ob es an der Droge lag, die sie unablässig kauten, oder ob sie wussten, dass sie mit Geiseln an Bord kaum einen Angriff zu befürchten hätten, konnte der Kapitän nicht herausfinden.

Wenig später legte ein drittes Schnellboot an der Yacht an, und mit ihm kamen vier weitere Seeräuber an Bord. Sie brachten eine Menge Vorräte. Marchesseau schloss daraus, dass sie sich auf eine längere Zeit an Bord und langwierige Ver-handlungen einstellten. Nun waren elf Piraten auf der Yacht, sie trugen Schnellfeu-ergewehre, einer eine Panzerabwehrwaffe.

Als das Boot wieder ablegte, geschah ein Unfall. Einer der Männer fiel über Bord, einer, der nicht schwimmen konnte. Der Piratenführer bat Marchesseau, nach ihm zu suchen. Aber es blieb vergeblich. Nach etwa einer Viertelstunde gab der Piraten-führer auf und ließ die Suche abbrechen. Die Familie des Toten würde jetzt aus der

Kasse der Piraten 100.000 Dollar als Entschädigung erhalten. Das ist in Somalia der Preis für einen getöteten Piraten.

Kapitän Marchesseau versuchte nun Zeit zu gewinnen, damit die alarmierten Kriegsschiffe näher kommen können. So wollte er das Gefühl verlieren, die Situation völlig allein meistern zu müssen.

Der Piratenführer hatte ihm Anweisung gegeben, die Ortschaft Ras Asir an der somalischen Küste anzulaufen. Dabei gelang es dem Kapitän, die Taste des Funkgerätes gedrückt zu halten, in der Hoffnung, dass die Besatzungen der Kriegsschiffe so mithörten, was auf der Brücke gesprochen wurde. In gespielter Naivität fragt er deshalb den Piratenanführer, wohin sie fahren sollen: »Ras Asir? Da möchtest du hin? In Somalia?«

Wenige Augenblicke später drückte einer der Maschinisten nach Rücksprache mit dem Kapitän den Notschalter der Maschine. Sie stoppte. Den Piraten spielte die Schiffsbesatzung vor, es sei ein Maschinenschaden. Dann verschwanden die beiden Mechaniker unter Deck, um sich um den Schaden zu kümmern.

Während Piraten zur Bewachung folgen, war Kapitän Marchesseau einen Augenblick allein auf der Brücke. Er hatte Glück, in diesem Augenblick klingelte das Satellitentelefon. Er hob ab und konnte in wenigen Sätzen die Lage an Bord schildern. Doch dann wurde es ihm zu gefährlich und er unterbrach die Verbindung.

Lange wirkte der Trick mit dem vorgetäuschten Maschinenschaden nicht. Dann kamen zwei Piraten mit den beiden Technikern aus dem Maschinenraum wieder an Deck. Sie bedrohten die Mechaniker mit Waffen. Es half nichts, der Maschinenstopp musste rückgängig gemacht werden.

Währenddessen bemerkten die Besatzungsmitglieder, dass immer mehr Piraten ihre Kleidungsstücke und auch ihre Kameras trugen. Die Kabinen der Besatzung waren also geplündert worden.

Die Situation an Bord spitzte sich zu, als die Frauen aus ihrem Versteck kamen und plötzlich auf der Vorderbrücke standen. Sie waren eng aneinander gedrückt, zerzaust und hatten weinende Gesichter. Die Piraten können es kaum fassen, dass Menschen an Bord sind, die sie bei ihrer Durchsuchung nicht gefunden haben.

»Wer ist deine Frau?«, fragte Ahmed, der Anführer der Piraten, den Kapitän.

»Keine. Sie gehören zur Besatzung.«

»Lügner!«

Um ihm zu beweisen, dass er die Wahrheit sagt, zeigte Marchesseau ihm die Mannschaftsliste, die er zuvor in einer Schublade auf der Kommandobrücke versteckt hatte.

»Ich wusste nicht, was ihr mit den Frauen vorhabt. Ich hatte Angst und wollte sie schützen, indem ich sie versteckte.«

Mit Hubschraubern wurden die Geiseln der LE PONANT nach Dschibouti gebracht.
(Foto: Marine Nationale)

In der sicheren Obhut der Marine konnten sich die Besatzungsmitglieder erst einmal entspannen. *(Foto: Marine Nationale)*

Als Ahmed sich den Lagerraum zeigen ließ und dessen Enge wahrnahm, warf er Marchesseau einen tödlichen Blick zu.

»Wir berühren Frauen nicht. Wir wollen Geld. Sind Diebe, nicht Terroristen. Kein Problem. Tun Frauen nichts an.«

Dann durften die Frauen erst einmal trinken, duschen und essen.

Wie unsicher die Piraten bei Verhandlungen sind, zeigte sich, als ein französisches Kriegsschiff über Funk erst auf Französisch und dann auf Englisch Kontakt zur LE PONANT aufnahm:

»Hier spricht die französische Marine. Melden Sie sich bitte und teilen Sie uns Ihre Absichten mit.«

Der entsetzte Ahmed erstarrte. Schon das Gerät machte ihn misstrauisch.

»Antworten Sie.«

»Du musst abnehmen, Ahmed. Sie wollen mit dir reden.«

»Nein. Kein Dolmetscher. Ich kann nicht verhandeln.«

»Dann erkläre es ihnen. Es ist dringend!«

Die Funkstimme fährt fort:

»Rufen Sie dringend CMA-CGM an, den Besitzer des Kreuzfahrtsegelschiffes. Die Nummer lautet 04 88 91 … «

Mit einem Bleistift in der linken Hand notierte Ahmed die Nummer an den Rand der Seekarte. Zum ersten Mal wirkte er auf Kapitän Marchesseau ängstlich. Und er reagierte sehr eifrig. Doch um Verhandlungen führen zu können, befahl der Piratenführer, die somalische Küste bei Ras el-Cheil anzusteuern. Dort sollte ein erfahrener Dolmetscher an Bord genommen werden.

Doch unterwegs zeigte sich, dass die somalischen Piraten nicht unter einem einheitlichen Kommando standen, sondern in kleinen unabhängigen Gruppen operieren.

Die LE PONANT war eine gute Beute. So versuchten auch andere Piratengruppen, sie in ihre Hand zu bekommen. Einmal musste die Piratengruppe sich mit Schüssen aus den Schnellfeuergewehren dagegen wehren, dass das Schiff ein zweites Mal geentert wurde und Piraten den Piraten die Beute abjagten.

Während der Abwehr dieses Angriffs nutzte Kapitän Marchesseau einen unbewachten Augenblick, um von sich aus eine Verbindung zu dem Kriegsschiff aufzubauen und über die Situation an Bord und die Bewaffnung der Piraten zu informieren. Zwei seiner Besatzungsmitglieder hatten ein Problem. Der Chefkoch stammt aus Kamerun, sein Hilfskoch aus Martinique. Aufgrund ihrer Hautfarbe könnten sie bei einem Befreiungsversuch für Piraten gehalten werden. Auch darüber informiert Marchesseau über Funk.

Außerdem konnte er noch mitteilen, dass die Piraten viel über das Funktelefon mit dem Festland kommunizieren. Es lohne sich also, diese Funkfrequenzen abzuhören, um über deren Pläne informiert zu sein.

Als der Dolmetscher an Bord war, stellten die Piraten ihre Forderung. Sie wollen ein Lösegeld von drei Millionen Euro.

Die weiteren Verhandlungen mit der französischen Reederei CMA-CGM zogen sich über Tage hin. Nach einer Woche waren sich beide Parteien einig.

Nach ihrer Freilassung brachte die französische Marine die 23 Männer und sieben Frauen nach Dschibuti. Von dort wurden sie mit einem Airbus der französischen Regierung nach Paris geflogen. Am Flughafen empfingen sie Präsident Nicolas Sarkozy, mehrere Minister, eine philippinische Delegation und Familienangehörige.

Französische Soldaten verfolgten nach der Freilassung der Geiseln die flüchtenden Piraten und konnten sie festnehmen. Ihnen soll jetzt in Frankreich der Prozess gemacht werden.

Bei der Weiterfahrt wurde die LE PONANT von einem französischen Marineschiff begleitet.

(Foto: Marine Nationale)

Nach ihrer glücklichen Freilassung begleiten Marineschiffe die HANSA STAVANGER in den Hafen.
(Foto: BMVg)

Das Drama um die HANSA STAVANGER

Am 4. April 2009, eine Woche vor Ostern, überfielen Piraten vor der somalischen Küste das deutsche Containerschiff HANSA STAVANGER. Es schien zunächst eine Entführung zu sein, wie viele andere zuvor. Doch im Verlauf der Zeit entwickelte sie eine Dramatik voll abenteuerlicher Details. Es geschahen Scheinhinrichtungen und gab psychologischen Druck auf die Unterhändler. Mit dem gekaperten Schiff versuchten Somalis, einigen Piraten zu Hilfe zu kommen, die bei einer anderen Kaperung in Bedrängnis geraten waren. Dann sollte es von einer Spezialeinheit der deutschen Bundespolizei befreit werden, eine Aktion, die schließlich abgebrochen werden musste, bevor sie zum Fehlschlag wurde. Der Vater eines Besatzungsmitgliedes verklagte das Auswärtige Amt, weil es sich zu wenig um die Freilassung seines Sohnes kümmere, und die Verhandlungen zogen sich wesentlich länger hin, als bei anderen Entführungen. So kam die Besatzung erst nach fast vier Monaten wieder frei.

Dabei hatte Krzysztof Kotiuk, polnischer Kapitän des Containerschiffes HANSA STAVANGER, eigentlich alle Vorsichtsmaßnahmen ergriffen, damit ein solcher Fall, der sich zum schlimmsten Erlebnis seines Lebens entwickelte, gar nicht erst eintreten sollte.

Auf der Fahrt von Dschabal Ali in den Vereinigten Arabischen Emiraten nach Dar es Salaam in Tansania machte er mit seinem Containerschiff einen großen Bogen um die somalische Küste. Mit einem Abstand von 550 Seemeilen fuhr er wesentlich weiter auf der hohen See, als offiziell empfohlen worden war. Aber damit noch nicht genug. Er wies die Mannschaft an, alle Lichter zu löschen und alle Fenster abzukleben, damit kein Lichtschein nach außen drang. Dann schaltete er sogar das AIS, das automatische Identifizierungssystem, aus, das die genaue Position des Schiffes meldet und das auch von gut ausgerüsteten Piraten empfangen werden kann. Die Brückenwache wies er an, ständig das Radargerät im Auge zu behalten. Wenn ein anderes Schiff sich näherte, hatten die Männer Anweisung, sofort Alarm auszulösen und mit dem Schiff auf Gegenkurs zu gehen. Dieses Manöver sollte Zeit schaffen, um die Kriegsschiffe der europäischen Mission Atalanta zu alarmieren.

Doch dann kam alles ganz anders. Der Indische Ozean war spiegelglatt, die HANSA STAVANGER stand nur noch 400 Meilen östlich von Mombasa, die Mannschaft entspannte sich langsam. Der gefährlichste Abschnitt lag hinter ihr, es sah aus, als hätten sie Glück gehabt. Da schlugen plötzlich zwei Raketengeschosse unterhalb der Kommandobrücke ein, ein drittes verfehlte sein Ziel und versank zischend im Ozean. An Bord entfachten die Treffer ein Chaos, auf den Decks brannte es, an Löschversuche war nicht zu denken, denn nun hämmerten Gewehrsalven gegen den Stahl, die Besatzung suchte Deckung. Das Durcheinander nutzten die Piraten, um aufzuentern.

Die deutsche Fregatte RHEINLAND-PFALZ, die in der Nähe war, weil sie Mombasa ansteuerte, nahm sofort Kurs auf die HANSA STAVANGER. Das waffenstarrende Schiff mit 200 Soldaten und mehreren Kampfhubschraubern an Bord konnte aber nichts erreichen, denn als es in Sichtweite kam, zerrten die Piraten Krzysztof Kotiuk ins Freie und hielten ihm eine Kalaschnikow an den Kopf. Über Funk drohten die Piraten den Soldaten: »Drehen Sie ab, sonst töten wir ihn!« Den Soldaten blieb nichts anderes übrig, als das Schiff weiter zu beobachten und in der Nähe zu bleiben. Sie blieben auch noch in Sichtweite, als die HANSA STAVANGER die Bucht von Harardere ansteuerte und dort den Anker fallen ließ.

Am Nachmittag durfte der Kapitän die Kaperung an die Hamburger Reederei Leonhardt & Blumenberg melden. Zugleich stellten die Piraten ihre Lösegeldforderung: 15 Millionen US-Dollar. Dann herrschte Funkstille, eine Woche lang. Es war eine endlose Woche.

Das Deck mit der Kapitänskammer war total ausgebrannt, alle anderen Kammern waren von den Piraten geplündert worden. Die Mannschaft schlief auf der Brücke, ständig bewacht von Piraten mit Schnellfeuergewehren. Wer von den Piraten nicht als Wache eingeteilt war, schlief auf Matratzen an Deck des Frachters.

Kapitän Krzysztof Kotiuk nutzte E-Mails, um Kontakt zu seiner Frau aufzunehmen und sie zu beruhigen: »Die Piraten sind bekifft, aber freundlich. Mach dir keine Sorgen, wir warten auf das Lösegeld.«

In der Nacht zum 11. April zwangen die Piraten die Besatzung der HANSA STAVANGER, die Anker zu hieven und auf den Indischen Ozean hinauszufahren. Sie hatten davon gehört, dass eine andere Piratengruppe mit dem amerikanischen Kapitän der MAERSK ALABAMA als Geisel an Bord in einem Rettungsboot auf dem Ozean trieb. Sie wollten helfen. Doch nach mehrstündiger Suche brachen sie ihre

Aktion ab, da sie sich nach eigenen Angaben auf der Suche nach dem Rettungsboot beinahe verirrt hätten. Die HANSA STAVANGER, die Piraten und ihre Besatzung kehrten nach Harardere zurück.

Unterdessen hatte die Besatzung noch immer keine Antwort von der Reederei erhalten. Von ihr hörten sie erstmals am 12. April. Das Hamburger Unternehmen hatte in der Zwischenzeit Peter Shaw von der britischen Amor Group als Unterhändler engagiert. Er bot den Piraten 600.000 Dollar und kündigte an, er sei täglich von zehn bis zwölf Uhr somalischer Zeit erreichbar. Für die Piraten verhandelte ein Mann, der sich Faisal nannte. Er reduzierte seine Forderung auf sechs Millionen Dollar. Die müssten allerdings sofort gezahlt werden, sonst würden die Piraten das Schiff zerstören.

Der Kapitän und sein Erster Offizier durften die Kommandobrücke nicht verlassen, sie konnten sich nicht waschen, ihre Wäsche nicht wechseln, denn ihre Bekleidungsstücke trugen mittlerweile die Piraten. Die allerdings blieben nicht lange allein an Bord. Immer wieder tauchten neue Gruppen von Somalis auf, suchten auf dem gekaperten Frachter nach Beute und reagierten wütend, wenn sie nichts fanden. Als die Piraten hörten, die Franzosen hätten kürzlich die gekaperte Yacht TANIT und die Amerikaner den Tanker MAERSK ALABAMA aus der Hand ihrer Entführer befreit, funkten sie, sie hätten 20 der 24 Seeleute vorübergehend auf das somalische Festland gebracht. Damit wollten sie offensichtlich noch immer Geiseln in ihrer Hand haben, falls das Schiff gestürmt werden sollte.

Mit der Zeit verbreitete sich auf der HANSA STAVANGER ein Gestank von Kot und Urin. Zeitweise waren bis zu 60 Männer an Bord. Trinkwasser wurde knapp, denn die Technik des Schiffes ist nur in der Lage, welches zu produzieren, wenn es fährt.

Die Stimmung unter den Piraten, die ständig unter dem Einfluss von Drogen standen, wurde immer gereizter, je länger sich die Verhandlungen hinzogen. Am 20. April schienen sie mit ihrer Geduld am Ende zu sein. Sie befahlen die Besatzung auf das Deck, verklebten dem Kapitän die Augen und kündigten an, sie werden einen nach dem anderen erschießen. Dann knallten Schüsse knapp am Kopf von Kapitän Krzysztof Kotiuk vorbei. Halb ohnmächtig zerrten die Piraten ihn dann wieder auf die Brücke und warfen ihn dort zu Boden.

Die Nerven der Besatzung und der Piraten lagen blank, weil Verhandlungen zu keinen Ergebnissen führten. Der Dritte Offizier erlitt einen Herzanfall, den er nur knapp überlebte.

Ziemlich offensichtlich wollte die Bundesregierung in diesem Fall das deutliche Zeichen setzen, nicht erpressbar zu sein. Die Amerikaner hatten im Fall der MAERSK ALABAMA gerade erst gezeigt, dass sie mit einer Spezialtruppe ein Schiff befreien konnten und die Franzosen hatten in jenen Tagen ebenfalls mit einer Militäreinheit eine private Yacht befreit.

Innenminister Wolfgang Schäuble (CDU) und Außenminister Frank-Walter Steinmeier (SPD) wollten weg von der Scheckbuch-Diplomatie, die zwar Menschenleben schont, aber keine Antwort ist auf die Herausforderungen asymmetrischer Kriegführung.

So verlegte die legendäre Grenzschutzgruppe 9, kurz genannt GSG 9, mit 200 Mann nach Mombasa. Diese Truppe war im September 1972 unter dem Eindruck des palästinensischen Überfalls auf israelische Sportler bei den Olympischen Spielen in München gegründet worden, als die heutige Bundespolizei noch Bundesgrenzschutz hieß. Ihre Feuertaufe bestand sie in der Nacht zum 18. Oktober 1977, als sie alle Geiseln unverletzt aus dem entführten Flugzeug LANDSHUT befreite.

Die Bundespolizisten brachten sechs Hubschrauber und etwa 40 Container voller Spezialgeräte einschließlich aller medizinischen Ausrüstung mit, denn offenbar waren sie nicht bereit, sich von der ebenfalls in der Nähe befindlichen Bundeswehr im Notfall medizinisch versorgen zu lassen. Für diesen Transport charterten sie zivile Flugzeuge und nutzten keinesfalls die kostengünstigeren Transportflugzeuge der Bundeswehr.

Da die Deutsche Marine mit ihren drei Schiffen vor der ostafrikanischen Küste keine ausreichenden Kapazitäten hatte, alle 200 Mann mitsamt der umfangreichen Ausrüstung an Bord zu nehmen, kontaktierten die deutschen Planer die US-Streitkräfte. Sie durften dann das für amphibische Einsätze geeignete Kriegsschiff USS BOXER als Basis für ihren vorgesehenen Einsatz nutzen.

Als die deutschen Polizisten im Hafen von Mombasa mit sechs Hubschraubern, ihrer umfangreichen Ausrüstung und in der vollen Mannschaftsstärke an den Kaimauern aufmarschierten, witzelten einige amerikanische Offiziere: »Wenn deren Chef Rommel heißt, dann nehmen wir die aber nicht mit ...« Sie äußerten sich zwar lobend über Ausbildungsstand und Ausrüstung ihrer deutschen Kameraden, fanden diesen Aufwand aber übertrieben.

Insider sprachen von der größten Geheimaktion, die nach dem Zweiten Weltkrieg von deutschem Boden gestartet wurde. Doch sie war alles andere als geheim gehalten worden. Anstatt sich in der Abgeschiedenheit eines Feldlagers in Dschibuti auf die Erstürmung des Schiffes vorzubereiten, wie es die Angehörigen der KSK der Bundeswehr getan hätten, quartierten sich die Spezialpolizisten in einem Strandhotel in Mombasa ein. Das war keineswegs für sie geräumt worden, dort machten auch andere Menschen Urlaub. Darunter auch Deutsche, sogar ein Journalist eines deutschen Nachrichtenmagazins.

Ihnen fielen 200 durchtrainierte Männer sofort auf, selbst wenn sie Zivil trugen. Außerdem hatten die Elitepolizisten alle Scheiben zu sämtlichen Räumen im zweiten Stock, in denen sie sich aufhielten, mit schwarzem Papier verklebt sowie Stacheldrahtrollen ausgelegt und Wachen aufgestellt. Im Hotelpool übten sie Tief- und Streckentauchen. Über ihre Handys sprachen sie ganz offen mit Freundinnen und Ehefrauen über ihren Auftrag oder unterhielten sich ebenso freimütig darüber bei Taxifahrten durch die Stadt.

Die Taxibetriebe in Mombasa sind fest in somalischer Hand, und in einem Land, das bei Deutschen seit langem als Urlaubsziel bekannt ist, gehört die deutsche Sprache zu den Grundkenntnissen eines Taxifahrers. Auch zum Hotelpersonal gehören viele Menschen aus dem Nachbarland. Die Somalis haben familiäre Bindungen in ihre Heimat, die auch bis in die Piratenregionen reichen.

Wie sehr die bevorstehende Geheimaktion Stadtgespräch in Mombasa war, erzählt der Rundfunkjournalist Peter Marx von Deutschlandradio Kultur: »Der Taxifahrer, der mich vom Flughafen zu meinem Hotel fuhr, hatte schnell herausgefunden, dass ich Deutscher bin. Und als ich das bestätigte, fragte er gleich, ob ich auch Polizist bin. Wenig später bog er ungefragt in eine Hoteleinfahrt ein – das Headquarter der GSG 9. Die Taxifahrer in Mombasa hatten es bereits in die Attraktionen ihrer Stadtrundfahrten aufgenommen. Sie fuhren bevorzugt mit Deutschen dort hin, die einmal im geheimnisumwitterten Umfeld der GSG 9 und der Vorbereitung eines Geheimeinsatzes einen Kaffee trinken wollten ...«

Peter Marx erlebte auch mit, wie unbefangen die Beamten mit ihren Angehörigen telefonierten: »Da waren Wortfetzen mitzuhören, wie – ja, Schatzi, es kann gefährlich werden, aber du kennst mich ja, wir holen die Geiseln schon von dem Schiff runter ...«

Deshalb ist es sicherlich nicht richtig, dass immer wieder behauptet wurde, die Aktion sei an die Piraten verraten worden. Sie war so offen angelegt, dass sie den Piraten bei bestem Willen nicht entgehen konnte.

Die Piratenführer reagierten auf die Informationen, die sie erhielten, sehr professionell. Sie verteilten die Geiseln an unterschiedlichen Orten im Schiff, so dass sie nicht als Gruppe auf einen Schlag befreit werden konnte. Außerdem brachten sie weitere Wachen auf die HANSA STAVANGER. Zeitweise waren bis zu 50 Wächter an Bord. Bei der Beobachtung des Schiffes mit Wärmebildkameras ergab sich so ein Bild vieler an Bord verteilter Menschen in unterschiedlichen Räumen. Es war nicht auszumachen, wer von ihnen Geisel und wer Bewacher war.

Noch bevor Bundesinnenminister Schäuble seinen Männern den Befehl zum Angriff hätte geben können, rief James Jones, der Sicherheitsberater des US-Präsidenten, bei der deutschen Bundesregierung an und stoppte den Einsatz. Eine gewaltsame Geiselbefreiung erschien ihm unter diesen Voraussetzungen als zu gefährlich. So kehrten die GSG 9-Beamten unverrichteter Dinge nach Deutschland zurück. Fachleute schätzen, die Aktion hätte 12 bis 13 Millionen Euro gekostet.

Kurze Zeit nach dieser fehlgeschlagenen Aktion nahmen Soldaten des Kommandos Spezialkräfte der Bundeswehr (KSK) in Nordafghanistan in einer spektakulären Aktion einen Führer der Taliban fest. In Kreisen der Bundeswehr machte sich Häme breit. Schon lange hatten die Soldaten auf eine Gelegenheit gewartet, es den Polizisten zu zeigen, denn KSK und GSG 9 sind einander nicht wohl gesonnen und die Abneigung vertieft sich bei jedem Kontakt der beiden Spezialtruppen.

Die beiden Einsätze zeigen aber auch den Unterschied zwischen beiden Einheiten. Für das KSK ist ausschließlich das Verteidigungsministerium zuständig, während bei der Planung des Somalia-Einsatzes das Außen-, das Innen- sowie das Verteidigungsministerium mitsprachen. Zudem rangelten Bundeswehr, Bundespolizei und verschiedene Kommando- und Führungsebenen von Behörden und Ministerien um Macht und Einfluss.

Bei der abschließenden Auswertung zeigte sich, wie wenig Deutschland auch politisch in der Lage ist, solche Krisen zu bewältigen. Die engsten Partner Deutschlands, die USA und Frankreich, handeln in solchen Situationen anders. Dort entscheiden die Präsidenten, ob Geiseln im Ausland mit Gewalt befreit werden sollen oder nicht. Die Experten am Ort des Geschehens müssen diese politischen Vorgaben dann so gut es geht umsetzen. Schlägt ein solcher Einsatz fehl, steht der Präsident als Oberkommandierender in der Kritik.

In Deutschland hingegen werden solche Fragen nicht von der Kanzlerin entschieden, sondern an die zuständigen Ressorts weitergereicht. Auf dieser Ebene versickern sie dann oft im Machtkampf zwischen den einzelnen Zuständigkeiten oder der Sorge, Verantwortung übernehmen zu müssen.

Aber zurück zu den zähen Verhandlungen um die HANSA STAVANGER: Als Reaktion auf die fehlgeschlagene Befreiungsaktion verdoppelte ein neuer Verhandlungsführer der Piraten, der sich »Mr. China« nannte, seine Lösegeldforderung. Die Verhandlungen gerieten ins Stocken.

Am 3. Juli schrieb der Kapitän Krzysztof Kotiuk in einer verzweifelten E-Mail, dass die Besatzung weder über Wasser noch über Essen und Medikamente verfüge. Einige Besatzungsmitglieder seien krank und die Mannschaft emotional und physisch am Ende, zudem hätten die Piraten über ihre Köpfe hinweg geschossen und ihnen auch die Augen verklebt.

Am 3. August 2009 endlich einigten sich Piraten und Reederei auf eine Zahlung von 2,75 Millionen US-Dollar Lösegeld. Unterhändler warfen das Geld von einem Flugzeug ab. Begleitet von der Deutschen Marine erreichte die HANSA STAVANGER am 8. August, mehr als vier Monate nach der geplanten Ankunft, den Hafen von Mombasa. Die fünf deutschen Besatzungsmitglieder kehrten am 11. August in ihre Heimat zurück.

Christian Euskirchen, der Vater einer Geisel auf der HANSA STAVANGER, erhob unterdessen schwere Vorwürfe gegen die Bundesregierung: »Wir fühlten uns als Angehörige von der Regierung und dem Krisenstab am Ende nur noch im Stich gelassen«, sagte er. Er habe im Laufe der Geiselnahme an die Bundeskanzlerin, den Bundespräsidenten und weitere führende Politiker aller Parteien geschrieben und keine Antwort bekommen. Nach dem Stopp der geplanten Befreiungsaktion durch Spezialeinheiten der GSG 9 sei auch der Krisenstab seiner Meinung nach nicht mehr nennenswert tätig gewesen. Euskirchen hatte daraufhin die Bundesregierung wegen unterlassener Hilfeleistung verklagt. Das Verwaltungsgericht Berlin hatte seinen Eilantrag aber im Juli 2009 abgewiesen.

Zwei Monate nach Freilassung der Mannschaft legte das britische Sicherheitsunternehmen Neil Young Associates seinen Bericht vor. Es hatte im Auftrag des Schiffsversicherers die Reederei Leonhardt & Blumberg beraten und nach deren Freilassung die Mannschaftsmitglieder einzeln zu den Abläufen an Bord befragt. Dieser Bericht liest sich so ganz anders als die Schilderungen des Kapitäns und wirft ihm taktische Fehler vor. Ohne die, so die Sicherheitsexperten, hätte die Entführung nicht so lange dauern müssen.

Der schwerste Vorwurf: Der Kapitän habe sich mit den Piraten gegen seinen Reeder verbündet. So soll er ihnen vorgeschlagen haben, den Druck auf das Hamburger Schifffahrtsunternehmen zu erhöhen, fünf Seeleute von der übrigen Mannschaft zu isolieren und gegenüber dem Reeder zu behaupten, sie seien an Land gebracht worden. Ein Vorschlag, dem die Piraten gefolgt seien. Die Mannschaft, so hätten die Befragungen ergeben, wandte sich danach von ihrem Kapitän ab und habe sich allein gelassen gefühlt.

Vorwürfe macht der Bericht aber auch dem Bundeskriminalamt (BKA) in seiner Verhandlungsführung. Üblicherweise verlangen die Entführer zunächst eine Phantasiesumme, der ein Reeder ein weit niedrigeres Angebot entgegensetzt. In Schritten von 50.000 Dollar komme man sich dann langsam entgegen. Anders lief es bei der Entführung der HANSA STAVANGER. Als Anfang Juni ein anderes entführtes Schiff, der belgische Frachter POMPEI, gegen die Zahlung von zweieinhalb Millionen Dollar freigelassen wurde, hätten BKA und Bundesregie-

Das Spezialschiff USS BOXER sollte Basis für die Befreiung der HANSA STAVANGER sein. Doch der Einsatz wurde abgeblasen. (Foto: US-Navy)

rung Reeder Frank Leonhardt zugesetzt, kurzerhand dieselbe Summe zu bieten. Aufgrund der plötzlichen Erhöhung des Angebotes um eine Million, so vermutet Neil Young Associates, hätten die Piraten viel mehr Geld gewittert. Damit seien die Verhandlungen ins Stocken geraten. Ob diese Einschätzung richtig ist, können die britischen Experten aber auch nur vermuten. Einen Beweis dafür gibt es nicht. Tatsache aber ist, dass auch die Reederei der POMPEI anschließend das eigentlich bereits akzeptierte Angebot noch einmal um 220.000 Dollar erhöhen musste.

Kapitän Kotiuk weist die Ausführungen des Berichtes zurück und bezeichnet die Version als bösartige Unterstellung.

Am 14. Dezember 2009 wurde bekannt, dass der Kapitän von der Reederei Leonhardt & Blumberg entlassen worden ist. Das Unternehmen begründete dies mit der Krise in der Schifffahrt und wirtschaftlichen Gründen. »Arbeitsrechtliche Grundsätze erfordern, dass wir uns von den zuletzt eingestellten Kapitänen als Erste wieder trennen«, teilte ein Reederei-Sprecher mit. Kotiuk hätte erst im Sommer 2008 bei Leonhardt & Blumberg angefangen. Einen Zusammenhang mit der Entführung des Schiffes wies der Sprecher zurück.

Der Kapitän kündigte an, seinen ehemaligen Arbeitgeber auf Schadensersatz verklagen zu wollen. Die Piraten hätten bei dem Überfall seine Kabine zerschossen, sein persönlicher Besitz sei verbrannt. Außerdem will der 60-Jährige die Kündigung nicht einfach hinnehmen. Er reichte dagegen eine Klage beim Arbeitsgericht ein.

*Nach den gezielten Schüssen auf die Piraten untersuchen US-Soldaten das Rettungsboot.
(Foto: US-Navy)*

MAERSK ALABAMA: Spezialtruppen befreiten den Kapitän

Das Containerschiff MAERSK ALABAMA hatte eine humanitäre Ladung an Bord. Es sollte Hilfsgüter und Nahrungsmittel im Rahmen des Welternährungsprogramms der Vereinten Nationen für mehrere Länder Ostafrikas in den Hafen von Mombasa bringen. Am 8. April 2009 war es 310 Seemeilen von der Küste Somalias entfernt, da enterten vier Piraten das Schiff und schossen aus ihren Schnellfeuergewehren in die Luft. Was danach folgte, war ein spannender Thriller in allerbester Hollywood-Manier.

Als der aus den USA stammende Kapitän Richard Phillips die Schüsse hörte, gab er seiner Mannschaft den Befehl, sich in einer Kabine einzuschließen. Dann ergab er sich den Somalis. Seine Mannschaft war zur gleichen Zeit nicht untätig, sondern lockte einen der Piraten in den Maschinenraum, wo sie über ihn herfiel und selbst zur Geisel nahm. Es folgten zähe Verhandlungen, die sich über zwölf Stunden hinzogen. Am Ende erklärten sich die Piraten bereit abzuziehen, wenn ihr Kamerad freigelassen würde und sie Nahrungsmittel, Treibstoff und ein Rettungsboot erhielten. Ihr eigenes Boot hatten sie während des Angriffes versenkt.

Als Richard Phillips mit den Piraten in das rundum geschlossene Rettungsboot stieg, um zu zeigen, wie man es bedient, nahmen sie ihn als Geisel. Wieder verhandelte die Mannschaft der MAERSK ALABAMA, doch nun hatte sie die schlechteren Argumente. Ihre Geisel war schon in dem Rettungsboot, der Kapitän aber noch in der Hand der Piraten. So tuckerten sie mit ihm in dem geschlossenen, orangefarbenen Boot auf den Ozean hinaus. Unterdessen setzte die MAERSK ALABAMA ihre Fahrt nach Mombasa fort. In der Nähe der MAERSK ALABAMA lag zu dieser Zeit schon der US-Zerstörer USS BAINBRIDGE.

Mit Kapitän Phillips als Faustpfand begannen die Somalis neue Verhandlungen. Ihr Gesprächspartner war nun ein Verhandlungsteam der amerikanischen Bundespolizei FBI. Da das gekaperte Rettungsboot für einen Fluchtversuch zu langsam war, forderten die Seeräuber als erstes ein Schnellboot.

Mittlerweile waren auch weitere amerikanische Kriegsschiffe, die Fregatte USS HALYBURTON und das amphibische Landungsschiff USS BOXER, in der Seeregion eingetroffen. Angesichts der Nähe von Marineschiffen seines Landes entschloss Phillips sich zu einem Fluchtversuch und sprang in die See. Doch Schüsse der Piraten stoppten ihn, und sie konnten ihn wieder in das Rettungsboot zurückziehen.

Es war eine absurde Situation: Im Indischen Ozean trieb unübersehbar das orangerote Rettungsboot, umgeben von waffenstarrenden Kriegsschiffen, von denen es jedoch nicht angegriffen wurde, weil deren Kommandanten die Geisel nicht gefährden wollten. Von der Piratenbasis in Harardere aus versuchten nun somalische Piraten, ihre Landsleute in dem Rettungsboot zu unterstützen, und liefen mit dem gekaperten deutschen Containerschiff HANSA STAVANGER, dessen Fall im vorangegangenem

Kapitel bereits geschildert wurde, auf den Indischen Ozean hinaus. Die ursprüngliche Besatzung des Schiffes war unterdessen an Land untergebracht. Doch die Piraten brachen die Aktion nach mehreren Stunden ab, da ihre Navigationskenntnisse nicht ausreichten und sie sich in der Weite des Ozeans verirrt hatten. Sie fanden nur noch den Weg zurück zur Küste, blieben von den Kriegsschiffen unbehelligt und ließen dort wieder die Anker fallen.

Ein Überwachungsfilm zeigt, dass die US-Navy das kleine Rettungsboot (im Bild rechts unten, Pfeil) immer im Blick hatte. (Foto: US-Navy)

Inzwischen ging in dem Rettungsboot der Treibstoff zur Neige, es trieb mittlerweile nur noch knapp 30 Meilen vor der somalischen Küste mit auflandigem Strom und Wind. Auf den US-Marineschiffen fürchtete man nun, die Piraten würden Kapitän Phillips an Land bringen. Dort aber wäre seine Befreiung aussichtslos gewesen, denn es ist eine Landschaft mit unzugänglichen Bergdörfern und versteckten Höhlen.

In der Nacht zum 12. April sprangen Kampfschwimmer der US-Navy Seals in der Nähe ab und wurden von der BAINBRIDGE aufgenommen.

Die nächste Chance zum Handeln bot sich, als das antriebslose Rettungsboot in den sich immer höher aufsteilenden Wellen in Gefahr geriet. Die Somalis willigten deshalb ein, von dem Zerstörer in ruhigeres Gewässer geschleppt zu werden. Es war für die Marinesoldaten eine Chance, sich gefahrlos dem Rettungsboot mit dem entführten Kapitän zu nähern.

Es war auch eine Chance für einen der Piraten, der sich bei dem Überfall verletzt hatte, an Bord des Marineschiffes BAINBRIDGE von einem Arzt behandelt zu werden. Er war zugleich Unterhändler für die weiteren Verhandlungen und führte von dem Marineschiff aus Telefongespräche mit Hintermännern an Land.

Als die Piraten merkten, dass die Amerikaner sie auf die offene See schleppten, wurde die Situation für Kapitän Phillips in dem Rettungsboot immer bedrohlicher. Die Männer zerrten ihn an die offene Einstiegsluke und feuerten Warnschüsse ab.

Kapitän Phillips war nach seiner Rettung überglücklich. Frank Castellano, Commander der USS BAINBRIDGE (links) gratuliert. (Foto: US-Navy)

Ein Admiral des US-Marinekommandos sagte, sie hätten den Eindruck erweckt, es »sehr, sehr ernst zu meinen«.

Kurz entschlossen riss Phillips sich los, sprang erneut ins Wasser und schwamm vom Boot weg, um den Scharfschützen der Seals freies Schussfeld zu schaffen. Als die Piraten mit Pistolen und Gewehren an der Einstiegsluke des Rettungsbootes auftauchten, töteten drei der Seals vom Heck der BAINBRIDGE aus einer Entfernung von 25 Metern die verbliebenen drei Piraten jeweils mit Kopfschüssen. Ein weiterer Kampfschwimmer rettete Kapitän Phillips. Die Aktion dauerte noch nicht einmal eine Minute. Derjenige Pirat, der zu Verhandlungen auf der BAINBRIDGE war, gab angesichts dieser aussichtslosen Situation kampflos auf.

Um Mitternacht Ortszeit verständigte Präsident Barack Obama persönlich Andrea Phillips, die Ehefrau des Kapitäns, von der gelungenen Befreiung. Anschließend telefonierte er mit ihrem Mann an Bord der BAINBRIDGE. Zuvor hatte Obama den Kapitän in einer kurzen Presseerklärung als »Vorbild für alle Amerikaner« gepriesen.

Das Pentagon legte Wert auf die Feststellung, es habe sich bei dem Einsatz »nicht um eine militärische Aktion im Rahmen des Antiterrorkampfs« gehandelt, sondern um eine »Geiselsituation«.

Kapitän Richard Phillips sagte nach seiner Befreiung: »Ich war nur eine Fußnote. Die wahren Helden waren die Seals, die mich nach Hause geholt haben.«

Für die Seals, die US-Streitkräfte und die amerikanische Öffentlichkeit ist die erfolgreiche Befreiung des Kapitäns eine historische Genugtuung. Im Jahr 1993 waren Special Forces in Mogadischu von lokalen Warlords in einen Hinterhalt gelockt worden, als sie die UN-Hungerhilfe für Somalia schützen wollten. Bilder gefallener US-Soldaten, die ein Mob durch die Straßen schleifte, gingen um die Welt und waren für die USA eine Demütigung. Unter dem Titel »Black Hawk Down« wurde das Geschehen später von Hollywood verfilmt. Einer der vier Seals, die damals beteiligt waren und entkamen, der heutige Admiral Eric Olson, ist mittlerweile Kommandeur aller amerikanischen Special Forces.

Die Piraten ihrerseits stießen nach der Aktion wilde Drohungen aus. In der somalischen Stadt Eyl sagte Piratenchef Abdi Garad, der Tod von drei seiner Männer werde gerächt. »Diese amerikanischen Lügner haben unsere Freunde getötet, die akzeptiert hatten, die Geisel ohne Lösegeld freizulassen, aber ich sage Ihnen, dass diese Angelegenheit Vergeltungsmaßnahmen nach sich ziehen wird, und wir wer-

An Bord eines amerikanischen Marineschiffes bedankte sich der befreite Kapitän Phillips für den Rettungseinsatz der US-Kampfschwimmer. (Foto: US-Navy)

den vor allem amerikanische Bürger, die in unseren Gewässern unterwegs sind, verfolgen«, drohte Garad. Die Piraten würden ihre »Angriffe verstärken, auch sehr weit von somalischen Gewässern entfernt«, kündigte er an. »Und das nächste Mal, wenn wir einen Amerikaner fangen, hoffe ich, dass Sie kein Mitleid von uns erwarten.«

Während einer Pressekonferenz berichtete Kapitän Phillips von der geglückten Befreiungsaktion durch Kampfschwimmer der US-Marine. Im Hintergrund das Rettungsboot, in dem er von den Piraten als Geisel gehalten wurde.

(Foto: US-Navy)

Pottengal Mukundan ist der Direktor des International Maritime Bureau.

(Foto: HMC/Romanus Fuhrmann)

Reeder leiden unter den wirtschaftlichen Folgen

Es ist schwierig, von Reedereien oder Versicherungen zuverlässige Angaben darüber zu erhalten, welchen Schaden die Piraterie auf den Meeren weltweit in jedem Jahr anrichtet. Bleibt also nur, die Schätzung des International Maritime Bureau (IMB) für 2007 zu übernehmen. Demnach beträgt der wirtschaftliche Schaden mehr als 13 Milliarden Euro. Doch so ganz traut nicht einmal Pottengal Mukundan, Direktor des Büros, den eigenen Schätzungen nicht: »Wir nehmen an, die Dunkelziffer beträgt rund 50 Prozent.«

Reeder melden Überfälle oft nicht, weil sie fürchten, das Vertrauen ihrer Kunden zu verlieren. Außerdem fürchten sie, während der bürokratischen Untersuchungen in fremden Häfen viel Zeit zu verlieren, ihre zugesagten Termine bei den Kunden nicht einhalten zu können und letztendlich von den Behörden auch keine Hilfe zu erhalten. So halten einige der Unternehmen ihre Kapitäne ausdrücklich an, Vorfälle gar nicht erst offiziell zu melden.

Der britische Piraterieexperte John Burnett gibt zu bedenken, dass ein Frachter tägliche Betriebskosten von 20.000 bis 80.000 Dollar hat. Da kann es teuer werden, einen Überfall zu melden und einen Hafen anzulaufen: »Sie müssen das Schiff stoppen und Tage für Ermittlungen drangeben, die wahrscheinlich zu nichts führen«.

Als Beispiel wird in diesem Zusammenhang gern der Fall eines nicht näher benannten Containerschiffes unter deutscher Flagge angeführt. Es wurde in dem nigerianischen Hafen Port Harcourt überfallen. Die Piraten kamen im Schutz der Dunkelheit, während das Schiff entladen wurde. Sie brachen an Deck einen 40-Fuß-Container mit Ersatzteilen für Nutzfahrzeuge auf und entwendeten einen großen Teil des Inhaltes. Als die Besatzung den Überfall bemerkte und Alarm schlug, verschwanden die Räuber mit ihren Booten in den nahe gelegenen Mangrovensümpfen.

Die Schiffsleitung meldete den Überfall den örtlichen Behörden. Nachdem diese die Papiere geprüft hatten, warfen sie der Schiffsleitung vor, undeklarierte, unverzollte Güter ins Land gebracht zu haben. Ein Vergehen, das mit einer hohen Geldstrafe geahndet wurde. Die Anzeige wegen des Raubs interessierte die örtlichen Behörden nicht weiter. Weder gingen die Beamten den Hinweisen der Besatzung nach noch gab es Verhaftungen, und auch die entwendete Ladung blieb verschwunden.

Für Reeder entstehen dazu noch Folgeschäden wie Ausfallzeiten der Schiffe, Vertragsstrafen wegen Lieferverzug oder steigende Versicherungsprämien. Und selbst wenn Piraten rechtskräftig verurteilt wurden, ist kein Schadenersatz von ihnen zu erwarten.

»Im Schnitt liegt der Schaden pro gemeldetem Übergriff bei rund 50.000 Euro«, sagt Dieter Berg von der Münchener Rück. »Aber wenn die gesamte Ladung oder gar das ganze Schiff gestohlen werden, können Schadensummen entstehen, die im zwei- bis dreistelligen Millionenbereich liegen.« Einen solchen hätte die Münchener Rück fast im Jahr 1999 verbuchen müssen, als die ALONDRA RAINBOW vor Indien gekapert und während der Verfolgungsjagd geflutet wurde, um sie als Beweismittel zu versenken. Hätte die indische Küstenwache nicht schnell und entschlossen gehandelt, wären Aluminiumbarren im Wert von vier Millionen Dollar verloren gegangen. Versicherer berechnen für Routen, die als gefährlich bekannt sind, Risikozuschläge. So war es vor einigen Jahren in der Straße von Malakka. Versicherungen stuften das Gebiet wegen der vielen Überfälle mit einem erhöhten Risikoprofil ein. Da die Reeder mit höheren Versicherungsprämien rechnen mussten, erhöhten sie den Druck auf die Regierungen von Malaysia, Indonesien und Singapur. Internationale Abkommen zwischen den Anrainerstaaten, mehr Patrouillen und mit internationaler Hilfe verbesserte Ausstattung der Marinen führte dazu, dass die Angriffe von 38 im Jahr 2004 auf zwölf im Jahr 2005 zurückgingen. Schon 2006 zählten viele Versicherer, allen voran Lloyd's, die Region nicht mehr zu den Gebieten mit erhöhtem Piraterierisiko.

In diesem Fall allerdings handelt es sich um drei Staaten mit stabilen Strukturen, die selbst ein Interesse an sicherem Schiffsverkehr in der Region haben. Es ist also ein Modell, das sich nicht ohne weiteres auf andere Regionen mit starker Piraterie, wie beispielsweise am Golf von Aden, übertragen lässt.

Versicherungsverträge, die ausschließlich das Risiko der Piraterie abdecken, gibt es nicht. Reeder schließen im Allgemeinen Schiffskasko-Versicherungen ab, die Diebstahl, Versenken oder Beschädigung des Schiffes abdecken, Warentransport-Versicherungen gegen den Verlust von Ware durch Raub, Protection-and-Indemnity-Policen (P&I) als Hinterbliebenenversorgung für bei Piratenüberfällen getötete Besatzungsmitglieder und Verdienstausfall-Versicherungen für gekaperte Schiffe. Seit Kurzem bieten Versicherer auch spezielle Lösegeldversicherungen an, die die Bezeichnung »Kidnap & Ransom« tragen.

Emissionshäuser berufen sich bei Nachfragen zum Thema Piraterie auf ihren ausreichenden Versicherungsschutz. Aber der ist bei Lösegeldzahlungen keineswegs gewährleistet, weiß Tillmann Kratz, Experte für Transportversicherungen bei der Münchener Rück. »Piraterieversicherungen als solche gibt es nicht, allenfalls in Form von Ausschnittsdeckungen von bestehenden Policenkonzepten«, so Kratz.

Tobias König, Chef des Emissionshauses König & Cie., sagt, alle seine Schiffe seien über P&I abgesichert, denn die so genannte P&I ist eine spezielle Versicherung, gewissermaßen eine Betriebshaftpflicht für Reeder und Charterer. Sie deckt ab, was die Kaskoversicherung nicht beinhaltet, etwa Ölverschmutzung, Straf- und Bußgeld – auch Personenschäden. Das Wort Lösegeld taucht hier nicht auf.

Die wirtschaftlichen Folgen betreffen aber nicht nur die Reeder, sondern ganze Volkswirtschaften. Deutschland ist laut der aktuellen Statistik des International Maritime Bureau in Kuala Lumpur das am meisten von der Piraterie am Horn von Afrika betroffene Land. Jede Störung der Weltwirtschaft in der 2009 ausgelösten Wirtschaftskrise kann sich direkt auf die Preise für den Endverbraucher auswirken.

Deutsche Reedereien leiden wirtschaftlich unter den Piratenüberfällen. Das ist das Ergebnis einer Umfrage der Wirtschaftsprüfungsgesellschaft Pricewaterhouse-Coopers (PwC) aus dem Jahr unter 101 Reedern.

Jedes fünfte Unternehmen gab bei der Umfrage an, schon einmal Opfer von Seeräubern gewesen zu sein. Wegen der Überfälle seien die Kosten für Schiffsversicherungen in den vergangenen Monaten um bis zu 30 Prozent gestiegen, hieß es weiter.

Das führt zu hohen finanziellen Zusatzbelastungen, wie Claus Brandt, Leiter des Maritimen Kompetenzzentrums bei PwC, erläutert. Bislang habe die Kasko- und Haftpflichtversicherung, je nach Größe des Schiffs, jährlich 100.000 bis gut 200.000 Euro betragen. »Dazu muss noch die Fracht versichert werden«, so Brandt. Das koste mehrere hunderttausend Euro pro Jahr und Schiff. Kämen nun weitere 30 Prozent hinzu, bedeute das für Reedereien zusätzliche Kosten in Millionenhöhe. Daneben fürchten Reeder der Umfrage zufolge, zukünftig weiteres Geld für Sicherheitsdienste an Bord ausgeben oder teure Ausweichrouten wählen zu müssen.

Mittlerweile ist tatsächlich eine Zunahme des Verkehrs rund um Afrika, um das Kap der Guten Hoffnung, festzustellen. Die derzeit aufgrund der Weltwirtschaftskrise fallenden Frachtraten machen die drei Wochen längere Passage zu einer vertretbaren Alternative, zumal auch die Versicherungsprämien für Schiffe und Ladungen, die den Golf von Aden passieren, wieder auf höchstes Niveau angestiegen sind. Daraus erwächst eine neue Gefahr: Die Wohlfahrt und damit die Stabilität Ägyptens sind in hohem Maße abhängig von den Einnahmen aus den Gebühren der Suez-Kanal-Passagen. Die Kanalgesellschaft sah sich schon gezwungen, die Gebühren zu senken, um der Attraktivität der Alternative »Kap der Guten Hoffnung« entgegenzuwirken.

Der Treibsatz eines Raketengeschosses blieb in einer stählernen Schiffswand stecken. *(Foto: US-Navy)*

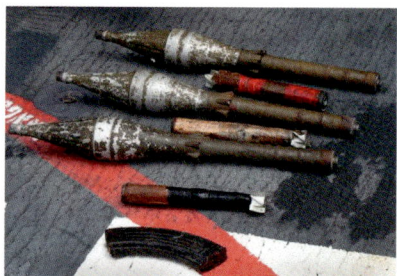

Geschosse von Panzerabwehrwaffen. *(Foto: US-Navy)*

Beschlagnahmte Panzerfaust und Schnellfeuergewehr. *(Foto: US-Navy)*

Sichergestellte Handgranaten. *(Foto: US-Navy)*

In jeder Region lauern andere Gefahren

Die Methoden der Piraten vor den Küsten der Erde sind so unterschiedlich wie die Objekte, auf die sich ihre Begierde richtet. Und sie unterscheiden sich von Region zu Region.

In Mittel- und Südamerika sind laut Statistik des IMB, des International Maritime Bureau, besonders Gewässer vor der Nordküste Haitis, den Kleinen Antillen, die Küsten Venezuelas, Kolumbiens und Perus pirateriegefährdet. Dort gelten Yachten, aber auch Containerschiffe als Hauptangriffsziele von Seeräubern. Besonders häufig werden vor Anker liegende Fahrzeuge überfallen. Dabei geht es in erster Linie um Ladung, Schiffsausrüstung und Bargeld. Die Täter sind sehr aggressiv und demonstrieren hohe Gewaltbereitschaft. Schiffscrews wurden beispielsweise brutal geschlagen, wenn sie Aufforderungen der Kriminellen nicht sofort nachkamen. Die Ausrüstung der Kriminellen auf See ist in diesem Gebiet uneinheitlich, sie führen auch sehr unterschiedliche Handwaffen mit sich.

An den Küsten des indischen Subkontinentes sind Containerschiffe die Hauptangriffsziele. Als gefährlich haben sich Routen nahe von Fischereigebieten herausgestellt, dort lauern Piratenboote, die als Fischerboote getarnt sind. Die Piraten räumen nach einem gelungenen Überfall die Vorratsräume der Schiffe aus, nehmen Teile der Ladung an sich und erpressen den Zugang zum Bordtresor. Auch die Mannschaften müssen ihr Bargeld abgeben. Einer der Schwerpunkte der Kriminalität in diesem Seegebiet ist die Reede vor Chittagong in Bangladesch. Die Piraten benutzen bei ihren Angriffen alle Arten von Waffen, auch Buschmesser und Feuerwaffen. Sie gehen damit zwar aggressiv gegen die Mannschaften vor, aber es gibt selten Todesopfer.

In Südostasien wurden außerdem Piratenüberfälle an der Grenze zwischen Burma und Bangladesch gemeldet, vor der Küste Vietnams sowie vor der Ost- und Westküste der Malayischen Halbinsel und vor Sumatra.

Hauptsächlich handelt es sich bei den überfallenen Schiffen um Schlepper und Bulkcarrier. Sie werden sowohl als Ankerlieger als auch in Fahrt ausgeraubt. Die

Piraten gehen sehr gewalttätig vor. Bei den Straftaten handelt es sich teilweise um Gelegenheitsdiebstähle kleiner Gruppen, teilweise aber auch um organisierte Kriminalität. Dann werden Geiseln genommen oder Schiffe insgesamt gestohlen, die unter neuen Namen wieder in Häfen auftauchen und die Ladung verkaufen. In der einst berüchtigten Straße von Malakka ist die Piraterie dagegen weitgehend zurückgegangen.

Am Golf von Benin sind Piraten wenig wählerisch. Sie überfallen Bohrinseln ebenso wie deren Versorger, Tanker und alle Arten von Handelsschiffen. Ihr Vorgehen ist sehr aggressiv und sie sind gut bewaffnet und ausgerüstet. Gefährlich sind Schiffsüberfälle in der Region, weil sie sowohl wirtschaftliche als auch politische Zielsetzungen haben. Teilweise sind die Gruppen so stark bewaffnet, dass sie den Militärs überlegen sind. Welche Ausmaße die Piraterie dort hat, ist schwer zu erfassen, da viele Vorfälle überhaupt nicht gemeldet werden. Aus den Schiffsüberfällen wird die weitere Ausrüstung für Aktionen gegen die nigerianische Regierung finanziert. Es geht um Einfluss auf die Ölförderung im Golf von Benin. Wie schon vor mehr als 20 Jahren ist die Reede vor Lagos noch immer einer der Schwerpunkte von Überfällen auf Schiffe. Die Zahl der Angriffe nimmt zu. Werden die Piraten verfolgt, dann ziehen sie sich in Gebiete der Nachbarstaaten zurück, etwa hinter die Bakassi-Halbinsel, die zwischen Nigeria und Kamerun lange Zeit umstritten war.

Die 1.000 Quadratkilometer große Halbinsel an der Atlantikküste hat reiche Fischgründe vor der Küste und verfügt über umfangreiche Erdölvorkommen. Ende des 20. Jahrhunderts entzündete sich an dem Gebiet ein Grenzkonflikt zwischen Kamerun und Nigeria. Im August 2008 übergab Nigeria das Gebiet an Kamerun, vorausgegangen war ein Spruch des Internationalen Gerichtshofes in Den Haag. Nach dem Rückzug der nigerianischen Truppen versuchten Clanchefs, die Unabhängigkeit der Insel als Republik Bakassi auszurufen. Vor diesem Hintergrund bietet die Halbinsel gute Versteckmöglichkeiten für Kriminelle und Angehörige politischer Widerstandsgruppen.

Kapitäne melden Überfälle nicht in allen Fällen, weil sie Verzögerungen durch bürokratische Untersuchungen befürchten und auch wenig Hilfe von den Behörden erwarten. So vermuten sie, viel Zeit durch langwierige Verwaltungsvorgänge zu verlieren, ohne dass die Taten jemals aufgeklärt werden.

Dirk Steffen vom Unternehmen Risk Intelligence: »IMB hat im letzten Jahr 40 Fälle gemeldet, den Großteil davon im Großbereich Lagos. Über unsere Informationskanäle sind uns 138 Fälle bekannt geworden. Da sind aber auch Ölplattformen mit erfasst, die vom IMB nicht gemeldet werden. Wir erfassen auch den Inshoreverkehr mit. Dazu gehören beispielsweise Versorger, die in den Mangrovenwäldern angegriffen werden.«

Bootsmanöver verlangen Übung: Schlauchboot der Deutschen Marine beim Training.
(Foto: PIZ Marine)

Die weltweit gefährlichsten Seegebiete der Erde sind der Golf von Aden und die somalische Küste. Die politisch unübersichtliche Lage in Somalia erleichtert unterschiedlichen Gruppen und Clans, ihre Aktionen von Land aus zu starten. Sie benutzen kleine, schnelle Boote, die vom Strand aus eingesetzt werden. Im Vorgehen der Überfälle sind sie nicht einheitlich, grundsätzlich sind die Piraten in diesem Gebiet aber gut ausgerüstet. Sie benutzen Schnellfeuergewehre und Panzerfäuste. Es entsteht immer wieder der Eindruck, als gäbe es Strukturen von organisierter Kriminalität im Hintergrund.

Für Seeleute ist die Lage bei der Durchfahrt durch das Gebiet unübersichtlich. Es gibt dort viel lokalen Bootsverkehr von Afrika zur Arabischen Halbinsel, einschließlich Schmugglern und Fischern. Da auch Fischer dort Waffen tragen, ist es schwer, allein aus dem Vorhandensein von Waffen an Bord darauf zu schließen, es handle sich um Piraten. Binnen weniger Minuten verwandeln sich die vermeintlichen friedlichen Fischer in furchteinflößende Piraten. Blitzschnell tauschen sie ihre Netze gegen Kalaschnikows und Panzerabwehrraketen aus und rüsten sich für den Überfall.

In letzter Zeit setzen die Banden zunehmend Mutterschiffe ein, von denen aus die kleinen, bislang strandgestützten Boote auch auf der hohen See operieren können. So haben sich die Überfälle bis hin zu den Seychellen verschoben.

Bevorzugte Ziele in dem Gebiet sind langsam fahrende Bulker und Tanker, aber auch Containerschiffe. Sogar Kreuzfahrtschiffe wurden schon angegriffen, sogar weitab der bisher als gefährdet geltenden Gebiete.

Die übliche Methode der Piraten ist es, Schiffe samt Besatzungen vor die somalischen Küsten bei Eyl und Harardere vor Anker zu legen. Dann beginnen die Verhandlungen um Lösegelder. Sie können sich teilweise monatelang hinziehen. In letzter Zeit war verstärkt zu beobachten, dass bei zögernden Verhandlungen von Seiten der Reeder auch Teile der Ladung verkauft wurden, um schnell Geldeinnahmen zu erzielen.

Als Reaktion auf die verstärkte Marinepräsenz sind die somalischen Piraten sogar noch aggressiver geworden. »Die Piraten schießen inzwischen schneller«, sagte ein Sprecher der Einsatzführungskommandos der Bundeswehr in Potsdam. Es gebe jedoch auch positive Folgen: »Die Angriffe haben zwar zugenommen. Allerdings brauchen die Piraten mittlerweile deutlich mehr Versuche als vorher, um ein Schiff tatsächlich zu entführen«, so der Sprecher.

Eine kanadische Soldatin sichert ein Schiff ihrer Marine während der Hafenliegezeit.
(Foto: Kanadische Marine)

Die Methoden der Piraten sind vergleichsweise simpel. Oft greifen sie nachts an, wenn die Wachsamkeit auf den Schiffen geringer ist. Sie nähern sich auf ihren kleinen wendigen Booten, die mit starken Außenbordmotoren bestückt sind. Häufig operieren sie vor dem herankommenden Schiff, das sie sich als Beute ausgesucht haben, mit zwei Booten, zwischen denen eine lange Leine gespannt ist. Wenn der Bug des Schiffes auf die Leine trifft, zieht es die beiden Boote an die Längsseiten des Frachters. Dann gelangen sie mit Hilfe von Enterhaken und Leitern

Vorsichtige Annäherung an ein verdächtiges Schiff. (Foto: US-Navy)

an Bord. Dabei überwinden sie durchaus Höhen von acht bis zehn Metern. Höher allerdings ragen Bordwände von schwer beladenen Containerschiffen oder Tankern nicht aus dem Wasser.

Nach Erfahrungen der Deutschen Marine gibt es drei Entermethoden:

1. Die Piraten nähern sich frontal mit zwei Booten, die mit einem Tau verbunden sind. Trifft es den Bug, werden die Boote seitlich an die Bordwände gezogen; mit Wurfhaken und Stangen hangeln sich die Angreifer nach oben.

2. Die Piraten fahren von hinten im Radarschatten des Schiffes an und entern übers Heck.

3. Die Piraten fahren aus verschiedenen Richtungen direkt auf das Handelsschiff zu und schießen mit Schnellfeuergewehren, Panzerfäusten und Granatwerfern. So zwingen sie den Kapitän zu stoppen.

Zudem greifen die Seeräuber zu neuen Methoden, um ihre Gegner zu verwirren, so ein Bundeswehr-Sprecher. Hacker seien schon in das elektronische Warnsystem der EU eingedrungen, mit dem bedrohte Frachter und Tanker Hilfe anfordern können. Damit sollten die alliierten Marineverbände auf falsche Fährten gelockt werden.

Als Basis weitab von der Küste benutzen die Piraten so genannte Mutterboote, große alte Frachter oder Fischereifahrzeuge, auf denen sie GPS-Systeme und AIS-Empfänger haben, mit deren Hilfe sie sich auf ihre Beutezüge vorbereiten.

Ende Juli 2009 schien es, als habe sich die Plage der Piraterie in ein Gebiet ausgedehnt, in dem sie seit Jahrhunderten als ausgerottet galt. Die unter maltesischer Flagge fahrende ARCTIC SEA mit 15 Mann russischer Besatzung meldete sich über Funk und gab an, zwischen den schwedischen Inseln Gotland und Öland überfallen worden zu sein. Acht mutmaßliche Piraten seien in einem Schlauchboot näher gekommen und hätten sich als Drogenfahnder ausgegeben. Sie hätten die Mannschaft gefangen genommen, seien aber nach zwölf Stunden wieder von Bord verschwunden, ohne Beute gemacht zu haben.

Danach begann ein internationales Verwirrspiel um Informationen und Desinformationen, denn das 98 Meter lange Schiff, das angeblich eine Ladung Holz für Algerien an Bord hatte, blieb verschwunden. Schiffe aus rund 20 Nationen, der russischen Marine ebenso wie Einheiten der Nato, beteiligten sich an der Suche.

Nachrichtenagenturen meldeten, die ARCTIC SEA sei in der Biskaya geortet worden, die finnische Reederei bestritt es. Dann wieder sollte sie den Hafen der nordspanischen Stadt Santander angelaufen haben. Doch der wäre für ein solches Schiff zu klein. Später wurde ein zweiter Überfall auf den Frachter gemeldet, diesmal in portugiesischen Gewässern. Doch die portugiesische Regierung bestritt, dass sich die ARCTIC SEA überhaupt in ihren Hoheitsgewässern bewegt hat. Dann kam eine Sichtungsmeldung von den Kapverden. Doch Russland wies diese Behauptung der Regierung des afrikanischen Inselstaates zurück. Zwischendurch hieß es, eine Lösegeldforderung sei eingetroffen, eine Summe wurde aber nicht genannt. Verwirrung stiftete auch die Behauptung der Nato, sie habe die ganze Zeit gewusst, wo das Schiff war, dies aber aus taktischen Gründen nicht veröffentlicht.

Am 17. August spürte die russische Fregatte LADNY den vermissten Frachter vor den Kapverden auf und übernahm die Seeleute und acht Piraten zu Vernehmungen an Bord. Laut russischen Medien standen die befreiten Seeleute sofort unter der Kontrolle des russischen Geheimdienstes.

Die der Piraterie beschuldigten acht Männer gaben an, sie hätten das Schiff keinesfalls überfallen, sie seien Umweltschützer, die mit ihrem Schlauchboot in Seenot geraten und von der ARCTIC SEA gerettet worden wären. Für welche Umweltorganisation sie tätig gewesen wären, daran könnten sie sich allerdings nicht erinnern.

Solche schmalen und leichten Raketen lassen sich leicht schmuggeln, beispielsweise zwischen Ladungen aus Holzstämmen. (Foto: Eigel Wiese)

Unterdessen staunte die Weltöffentlichkeit, mit welch enormem Aufwand die russische Marine nach einem kleinen Handelsschiff gesucht hatte. Eines scheint mittlerweile sicher zu sein. Ein Akt von Piraterie war der Überfall sicherlich nicht. Zu vermuten ist eher der illegale Transport von Waffen, denn schmale Raketen beispielsweise sind bei Kontrollen auf See zwischen einer Ladung von Holzstämmen kaum auszumachen. Es sei denn, man würde das gesamte Schiff entladen. Das aber wäre nur in einem Hafen möglich.

Als mögliche Beteiligte an dem Überfall wurden von Militärexperten Angehörige des israelischen Geheimdienstes ebenso verdächtigt wie Beauftragte der osteuropäischen Mafia. Reedereien, deren Schiffe legale Waren transportieren, werden also auch zukünftig in der Ostsee sicher sein.

Issuing Authority:
Liberian International Ship and Corporate Registry

No: **SEC 2036**

ANTI PIRACY TRAINING SEMINAR

This is to certify that: *Eigel Wiese*

Has satisfactorily completed the 7 hour seminar and actively participated in the table top exercise. The seminar is designed to examine the current global piracy threat and provide a unique and realistic training scenario designed to both test and provoke thought amongst the attending delegates. The exercise meets the principles laid down in Part B 13.7 of The International Ship and Port Facility Code (ISPS Code).

The seminar included: *Route planning - Vessel track monitoring - Immediate action drills - Liaison with government departments and military units - Dealing with hostage negotiation services - Vessel rescue and recovery - Ransom payment and payment logistics - Medevac and repatriation of released crew - Handling the media – Flag Approved Response Guidelines.*

Date: **July 8, 2009**

Liberian Registry   **Student Signature**   **MUSC**

David Friesem   Mark Hankey ,   *Manager,*
Maritime Security   *Director, Marketing*
& Business Development   *& Communications*

Issued at: Vienna, Virginia, USA   Date: July 8, 2009
Inquires concerning this certificate should be addressed to the Issuing Authority

Zertifikat über die erfolgreiche Teilnahme an einem Anti-Piraterie-Training.

Was Reeder zum Schutz ihrer Schiffe unternehmen

Fachleute empfehlen, Teile der Reling und Durchgänge mit Stacheldraht zu sichern.
(Foto: MUSC)

Ein anscheinend ganz normaler Bürotag bei der Wellington Shipping Company. Die Mitarbeiter hören während ihrer alltäglichen Arbeit im Hintergrund Radio. Eine Nachricht verfolgen sie besonders: Sie berichtet von den jüngsten Piratenüberfällen am Horn von Afrika. In die Aufmerksamkeit mischt sich Besorgnis, denn durch das Gebiet fährt in den nächsten Stunden das Containerschiff PRESIDENT der Reederei. Die Mitarbeiter informieren über Seefunk den Kapitän über die Nachrichten.

Kurze Zeit später schickt der Kapitän eine E-Mail, in der er alle Anweisungen auflistet, die er angesichts dieser Lage zur Sicherung des Schiffes gegeben hat. Die Sicherheitsexperten im Reedereibüro überprüfen die Angaben, machen weitere Vorschläge oder korrigieren, wo notwendig, die Anweisungen. Die Anspannung im Raum ist spürbar, an diesem Tag besonders deutlich, denn in dem Konferenzraum des Hamburger Hotels Holiday Inn stehen sieben runde Tische, an denen sich sieben unterschiedliche Gruppen von Reedereimitarbeitern um eine Lösung der Krise bemühen. Um sie herum kreist David Hopley, ehemaliger Oberst des britischen Special Boat Service, einer Spezialeinheit für Operationen auf dem Wasser. Heute arbeitet er für die Maritime & Unterwater Security Consultants (MUSC), ein Unternehmen, das Beratungen und Schulungen in diesem Bereich anbietet. Veranstaltet wurde das Hamburger Seminar vom Liberian International Ship & Corporate Registry (LISCR), dem liberianischen Flaggenregister. Der Geschäftsführer des Hamburger Büros von LISCR, Jörg Molzahn, sagt zu der Veranstaltung: »Angesichts der engen Beziehungen zwischen deutschen Reedereien und dem liberianischen

Register haben wir uns entschlossen, ein solches Seminar in Hamburg zu veranstalten. Wir sind der Meinung, der Informationsbedarf ist angesichts der Lage der Piraterie auf den Meeren groß. Hier haben die Teilnehmer nicht nur die Möglichkeit, sich zu informieren, sondern auch praktisch zu üben.«

Den praktischen Übungsteil hält einer der Teilnehmer für sehr praxisnah. Die deutsche Reederei, die er, ebenso wie seinen Namen, nicht genannt wissen will, war in der Vergangenheit schon selbst Opfer von Entführungen und er war unmittelbar in die Verhandlungen eingebunden: »Im Ernstfall zieht sich das, was wir hier an einem Nachmittag üben, allerdings über Wochen und schlimmstenfalls über Monate hin ...«

Wichtigster Punkt bei dieser Übung, ebenso wie im Ernstfall, ist es, eine in der verständlichen Aufregung entstehende Konfusion gar nicht erst aufkommen zu lassen.

David Hopley empfiehlt, sofort die Verantwortungsbereiche zu verteilen, beispielsweise festzulegen, welcher Mitarbeiter für den Kontakt zu Eignern, Charterern, Behörden und Versicherungen zuständig ist, wer die Familien der Besatzungsmitglieder informiert und den Kontakt zu ihnen hält. Und wer die oft zeitraubenden Presseanfragen beantwortet, sich also auf alle möglichen Fragen von Journalisten vorbereitet.

Während der praktischen Übung hat David Hopley alle Teilnehmer an allen Tischen im Blick, schaut den Seminarteilnehmern über die Schultern, hinterfragt Entscheidungen, gibt Tipps und zieht den ein oder anderen zur Seite, um spontan ein Radiointerview zu geben.

In der Übungslage laufen die Verhandlungen schnell, werden Schiff und Besatzungen frei gelassen und dürfen mit der PRESIDENT Kurs auf den Hafen von Mombasa nehmen. Doch nun bleibt noch ein Problem zu lösen. Die Piraten haben den Seeleuten alle Papiere abgenommen, die Seefahrtsbücher, Ausweise und das gesamte Bargeld. Nun ist der Kontakt zum Flaggenstaat gefragt, damit er die Einreise der Besatzung nach Kenia regelt, sie mit Bargeld versorgt und alle weiteren konsularischen Schritte in die Wege leitet. Eine Entführung hat ein glückliches Ende gefunden.

Die Kursteilnehmer sind zufrieden. Sie haben Einblicke in das Thema Piraterie bekommen, die weit über das hinausgehen, was in den Medien berichtet wird. Und sie haben Strategien gelernt, mit denen das Büro einer Reederei auf die schrecklichste aller Meldungen reagieren kann – auf die Meldung, ein Schiff des Unternehmens sei von Piraten gekidnappt worden. Nun haben sie Unterlagen, aus denen hervorgeht, welche Schritte sie einleiten können, wo sie Unterstützung bekommen.

MUSC ist nicht das einzige Unternehmen, das solche Kurse anbietet. Sicherheitsfirmen sehen mittlerweile in Deutschland einen wachsenden Markt für Dienstleistungen rund um die maritime Sicherheit. So hat die dänische »Risk Intelligence« ihre Aktivitäten bis nach Deutschland ausgedehnt und eine Niederlassung in Hamburg eröffnet. Spezialisten erstellen Risikoanalysen für bestimmte Schiffe auf einer bestimmten Route.

Dirk Steffen, Leiter des Hamburger Büros, erläutert die Dienstleistungen: »Security bedeutet für uns nicht wie landläufig, dass wir nur ein Schiff schützen, das fängt bei uns viel früher an, nämlich bei der Gewinnung von Bedrohungsinformationen und der Routenplanung.«

Das Unternehmen Risk Intelligence gibt es seit 2002. Im Jahr 2004, als der ISPS-Code in Kraft trat, erweiterte es seine Sicherheitsberatungen auf das maritime Geschäft. Die Mitarbeiter haben laut Steffen unterschiedliche Kompetenzen. Er selbst ist bei der Deutschen Marine gewesen und hat im Unternehmen Kollegen aus den Bereichen Polizei, Militärpolizei und aus der zivilen Schifffahrt.

Die Stärke von »Risk Intelligence« sieht Dirk Steffen in der weltweiten Risikoanalyse. Damit ist es in der Lage, Reedereien auf Anfrage mitzuteilen, wie groß die Gefahr von Piratenüberfällen in bestimmten Fahrtgebieten ist. Dafür können die Kunden des Unternehmens über das Internet Einblick in eine aktuelle Karte nehmen. Wie unterscheidet sich diese Karte von derjenigen des IMB? Dirk Steffen: »IMB kann nur das zeigen und veröffentlichen, was ihnen vom Flaggenstaat, der Reederei oder vom Schiff selbst gemeldet wird. Wird ein Vorfall nicht offiziell gemeldet, dann taucht er in deren Karte nicht auf. Wir dagegen benutzen für unsere Darstellung offene und auch privilegierte Quellen in der entsprechenden Region, die über unsere Geschäftskontakte entstanden sind. Um ein Beispiel aus Nigeria zu nennen: IMB hat im letzten Jahr 40 Fälle,

Die Reeder müssen selbst mehr zum Schutz ihrer Schiffe unternehmen, meinen Admiral Heinrich Lange und die maritime Koordinatorin Dagmar Wöhrl. (Foto: HMC/Michael Zapf)

den Großteil im Großbereich Lagos, gemeldet. Wir dagegen haben 138 Fälle gemeldet. Da sind auch Überfälle auf Ölplattformen mit erfasst, die vom IMB gar nicht veröffentlicht werden. Bei uns wird auch der Inshoreverkehr mit erfasst, beispielsweise Versorger, die in den Mangrovenwäldern angegriffen werden.«

Darüber hinaus berät Risk Intelligence auch darüber, wie sich Schiffe gegen Überfälle absichern lassen. Dirk Steffen: »Da bieten wir zwei Varianten an. Einmal können wir das anhand von Generalplänen erstellen. Wir gehen aber auch an Bord der Schiffe. Dort sind Gespräche mit der Besatzung sehr wichtig. So finden wir heraus, was sich an Bord umsetzen lässt und was nicht. Es ist eine Frage, welche Mentalität sie hat und wie gut sie ausgebildet ist. Bei der Schiffsbegehung stellen wir eine Liste auf, was man an Bord machen muss, der Kapitän bekommt einen Leitfaden, was er üben muss. Beispielsweise, wie muss ich das Schiff verdunkeln. Wie ziehe ich mich in die Zitadelle zurück? Ausguck gehen, wie nehme ich die taktische Lage wahr? Es sind ständige Drills durchzuführen.«

Praktische Trainings für die Besatzung führt Risk Intelligence jedoch nicht durch.

Ähnliche Einschätzungen erarbeiten auch die »Prudence Risk Consulting Group« mit Sitz im israelischen Ramat Gan oder »Drum Ressources« in London. Drum Ressources gehört Peter Hopkins, der acht Jahre in der britischen Armee diente, mit einer Deutschen verheiratet ist und sich mit Dienstleistungen beschäftigt, die er in fast akzentfreiem Deutsch als »Sicherung von Warentransporten auf dem Wasser« bezeichnet.

Er schickt Teams von vier bis acht Leuten per Flugzeug von London nach Kairo und von dort nach Port Said, wo sie auf die Schiffe gelangen. Meist bleiben Hopkins' Männer bis Salala in Oman an Bord, manchmal auch bis zur kenianischen Hafenstadt Mombasa, insgesamt fünf bis neun Tage. Dann fliegen sie entweder nach Großbritannien oder begleiten ein anderes Schiff auf seiner Route zurück durch den Golf.

Seine Männer sind bewaffnet, so viel steht fest. Schwer bewaffnet seien sie aber nicht, versichert der Geschäftsmann. Womit sie bewaffnet sind, darüber schweigt er.

Die Männer, die bei Hopkins anheuern, sind alle jenseits der 40, und sie alle haben früher in leitenden Funktionen bei den Royal Marines gearbeitet. »Unsere Leute wissen, was sie tun«, antwortet Hopkins knapp, wenn man ihn fragt, wie groß die Gefahr für die Männer sei. »Natürlich besteht auch eine Gefahr, aber all unsere Leute sind versichert.«

Im Vordergrund steht die Zusammenarbeit mit den Besatzungsmitgliedern und deren Schulung. Auf dem Schiff wird ihnen beigebracht, wie sie sich zu verhalten haben, falls der Ernstfall eintreten sollte und Piraten auf das Schiff gelangen.

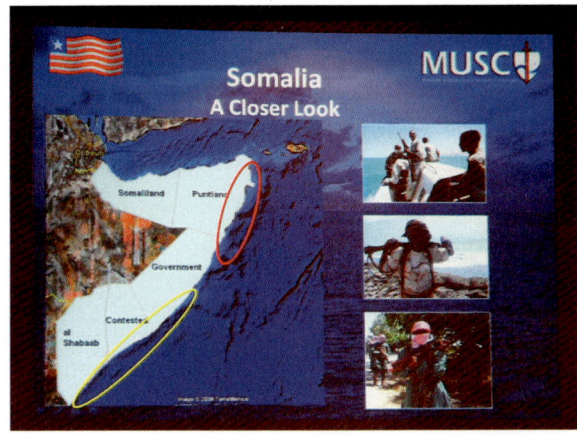

Darstellung der von Piraterie gefährdeten Gebiete während einer Schulung.
(Foto: Eigel Wiese)

Solche Unternehmen sind weltweit tätig, schützen Schiffe auch mit bewaffneten Kräften. Noch zeigen deutsche Reeder wenig Bereitschaft, solche Dienste in Anspruch zu nehmen. »Aber die Zeit arbeitet für uns«, meint Axel Schommartz, Inhaber des Halstenbeker Unternehmens KG1 Militarytraining & Security, als einer der deutschen Anbieter von bewaffneten Wachteams an Bord. »Wenn andere Nationen solchen bewaffneten Schutz aufbauen, wie es bei Amerikanern zu erkennen ist, dann werden auch deutsche Unternehmen folgen müssen.«

Wie gut auch unbewaffnete Seeleute ihr Schiff verteidigen können, bewiesen koreanische Seeleute. Mit Knüppeln und Kung-Fu-Tritten überraschten sie die bewaffneten Seeräuber und jagten sie von Bord.

Mit welchen Mitteln die Amerikaner bereit sind, Schiffe zu schützen, das demonstrierte das US-Unternehmen Blackwater, das sich inzwischen aus Imagegründen in Xe umbenannt hat, im September 2007 im Hafen von Nauticus in Norfolk. Geladen waren einige Hand voll möglicher Kunden, Medienvertreter mussten vor der Tür bleiben.

Stolz präsentierten die Blackwater-Mitarbeiter ein 46 Meter langes Schiff mit blauem Rumpf und weißen Aufbauten. Es handelte sich um ein ehemaliges Forschungsschiff der National Oceanic and Atmospheric Administration, das 2003 nach nahezu 40 Jahren Dienst verkauft worden war. Gebaut worden war es 1966 von der Norfolk Shipbuilding & Drydock Werft. Norfolk sollte

Warnung vor Sorglosigkeit in Piratengewässern.
(Foto: Eigel Wiese)

Christoph Kiese von VFR Marine Service zeigt, wie man mit Draht und Schmiermittel auf der Bordwand ein Schiff schützen kann. (Foto: Eigel Wiese)

auch weiterhin Heimathafen des Schiffes bleiben. Stolz trägt es den Schriftzug MCARTHUR, den Namen jenes US-Generals, der im Zweiten Weltkrieg so siegreich auf dem Schauplatz im Pazifik gekämpft hatte.

Die Kommandobrücke des Schiffes ist mit modernster Funk- und Peiltechnik ausgerüstet. Es bietet neben der Stammbesatzung Platz für bis zu 40 Bewaffnete und einen Kampfhelikopter. Gerüchten, in den nächsten Jahren sollten drei bis vier ähnliche Boote folgen, trat bei diesem Besichtigungstermin niemand entgegen. Niemand hat seither aber darüber berichtet, dass die MCARTHUR am Horn von Afrika oder einem anderen Piratenschauplatz eingesetzt wurde. Wahrscheinlich wurde sie bislang lediglich dazu benutzt, Boarding Teams zu trainieren, die auf einem gekaperten Schiff gefangene Geiseln befreien sollen.

Einig sind sich Reeder und Sicherheitsfachleute in Deutschland, Schiffe nicht von bewaffneten Seeleuten schützen zu lassen. »Wir halten nichts von bewaffneten Besatzungen«, sagt Hans-Heinrich Nöll, Hauptgeschäftsführer vom Verband

Das LRAD wird oft irreführend als Schallkanone bezeichnet. Die ausgesandten Töne können allerdings Schmerzen verursachen. (Foto: Eigel Wiese)

Deutscher Reeder. Es bestehe die Gefahr der Eskalation. Nur wenn Schiffe frei von Waffen blieben, sei die Freiheit der Schifffahrt nicht in Gefahr. Auch dass die Bewachung der Kreuzfahrtschiffe durch die Marine keine Priorität habe, kritisiert er nicht. Dass der Schutz von Nahrungsmitteltransporten im Vordergrund stehe, sei nachvollziehbar. »Der Schutz der Passagiere liegt in der Verantwortung der Reeder«, sagte Nöll. Die allgemeine Bekämpfung der Piraterie sei dagegen eine Gemeinschaftsaufgabe.

Auch die Vereinte Dienstleistungsgewerkschaft (ver.di) lehnt es ab, Seeleute für eine selbstständige Bekämpfung der Piraterie am Horn von Afrika zu bewaffnen. »Seeleute sind keine Ersatzsoldaten und können schon gar nicht völkerrechtliche Probleme lösen«, betonte ver.di-Bundesvorstandsmitglied Erhard Ott.

Diese Ansicht des Verbandes Deutscher Reeder und der deutschen Gewerkschafter steht im Gegensatz zu der Meinung amerikanischer Reeder. Für Philip Shapiro von der amerikanischen Reederei Liberty ist das Maß voll. Er will nicht län-

Ein LRAD im Einsatz auf einem Marineschiff. (Foto: US-Navy)

ger hinnehmen, dass die Crew seiner Schiffe Piraten wehrlos ausgeliefert ist und sie sich nur mit Wasserschläuchen wehren darf. Shapiro würde die eigenen großen Schüttgutfrachter gerne mit Waffen und Munition bestücken.

»Die bislang üblichen Abwehrmaßnahmen reichen nicht mehr aus«, sagte Shapiro vor einem Ausschuss des amerikanischen Senats. Er forderte den Kongress auf, für rechtliche Rahmenbedingungen zu sorgen, damit Schifffahrtsgesellschaften entweder die Crew ihrer Schiffe selbst bewaffnen oder private Sicherheitsdienste anheuern könnten.

Mit dieser Meinung ist er nicht allein. Je mehr Schiffe vor Somalias Küste durch Piraten in Bedrängnis kommen, desto lauter wird in der Schifffahrt über den Griff zur Selbstverteidigung nachgedacht, wie etwa die Seefahrts-Gewerkschaft Nautilus gegenüber der Zeitung »Washington Times« bestätigte. Bislang geschieht dies oft hinter verschlossenen Türen.

Andere Reeder sollen bereits private Sicherheitsdienste engagiert haben, wie Lloyd's List aus Sicherheitskreisen erfahren haben will. Die dänische Reederei Shipcraft hat sich nach einem Angriff auf eines ihrer Schiffe entschieden, bewaffnete Wachen eines privaten Unternehmens zukünftig im Golf von Aden für Schutz sorgen zu lassen.

Dass ein Teil der Schifffahrt aufrüstet oder über Waffen nachdenkt, stößt in der Branche aber nicht durchweg auf Zustimmung. Auch nicht bei Schifffahrtsgesellschaften, die bereits selbst von Piratenangriffen betroffen waren. Die weltgrößte Reederei AP Moeller-Maersk etwa spricht sich nach wie vor gegen eine Bewaffnung ziviler Schiffe aus. Maersk-Vorstand John Clancy sagte vor dem Ausschuss des US-Senats, dass dies »die Meere nur noch gefährlicher« machen werde. Clancy befürchtet eine Eskalation auf See, ein Wettrüsten zwischen Schifffahrt und Piraterie. Das ist auch der Standpunkt des Branchenverbandes International Chamber of Shipping (ICS).

Anstatt Schiffe zu bewaffnen, möchte Hans-Heinrich Nöll vom Verband Deutscher Reeder sie auf besonders gefährlichen Routen von Soldaten schützen lassen, so wie es heute schon bei Schiffen üblich ist, die Hilfsgüter für die von Hungersnöten bedrohte somalische Bevölkerung transportieren. Bei ihnen ist ein speziell ausgebildetes Team von Marinesoldaten an Bord, im Militärjargon »Vessel Protection Detachment« (VPD) genannt. Es sind zwölf Soldaten, darunter auch ein Rettungssanitäter.

Eingeschifft werden diese Marinesoldaten im Hafen von Mombasa. Der Einsatz dauert jeweils eine Woche. Eines der ersten so geschützten Schiffe war die SEMLOW, ein unter der Flagge von St. Vincent und den Grenadinen fahrendes 58 Meter langes Küstenmotorschiff. Es transportierte im Auftrag des Welternährungsprogramms der Vereinten Nationen Nahrungsmittel von Mombasa in Kenia nach Mogadischu, dem Haupthafen Somalias.

Wegen der beengten Verhältnisse an Bord des fast 40 Jahre alten Schiffes war die zwölfköpfige deutsche Begleitmannschaft auf dem Oberdeck untergebracht. Der das Team anführende Marineoffizier verglich das Leben an Bord mit einem Biwak, »schließlich verpflegte man sich auch durch mitgenommene Ein-Mann-Rationen«. Dennoch sei die Motivation des Teams extrem hoch gewesen, nicht zuletzt durch den starken Zuspruch durch Kapitän und Besatzung der SEMLOW, welche den »persönlichen Schutz« sehr zu schätzen wusste und nicht missen wollte.

Dr. Hans-Heinrich Nöll vom Verband Deutscher Reeder: »Es wäre gut, wenn Soldaten direkt an Bord unserer Schiffe tätig wären ...«
(Foto: Eigel Wiese)

Die Meinung der deutschen Reeder

Vor einem Ausschuss des Repräsentantenhauses in Washington ließ David Petraeus, zuständiger General für den US-Einsatz vor Somalia, keinen Zweifel daran, dass Marineschiffe allein die Piratenüberfälle auf Handelsschiffe nicht in allen Fällen verhindern können. Er empfahl wegen der zunehmenden Zahl von Piratenangriffen die Bewaffnung von Handelsschiffen. Dafür sollten die Reedereien bewaffnete Sicherheitskräfte einstellen. Internationale Schifffahrtsverbände lehnen diese Idee jedoch ab.

Vor dem US-Repräsentantenhaus empfahl David Petraeus, zuständiger General für den US-Einsatz vor Somalia, die Bewaffnung von Handelsschiffen gegen Piraten. (Foto: Wikimedia)

Zu den Ablehnenden gehört Hans-Heinrich Nöll, Hauptgeschäftsführer vom Verband Deutscher Reeder. Er ist, wie auch andere Vertreter von Schifffahrtsverbänden, der Ansicht, Waffen an Bord ziviler Schiffe würden bei Überfällen die Situation unweigerlich eskalieren lassen. Nöll: »Bisher haben die Piraten rational gehandelt. Sie haben niemanden zur Unterstreichung ihrer Forderung erschossen. Wenn das käme, wäre es ganz schlimm. Man muss den Piraten zwar das Gefühl geben, dass sie ein Verbrechen begehen, das ist vollkommen klar. Aber es gibt eine Begrenztheit und ein paar Restregeln, die für das Überleben aller wichtig sind, denn wir haben immer gesehen, dass die Geiseln letztendlich immer lebend davonkommen, auch wenn es lange dauert und für sie eine Tortur ist.«

In einem Gespräch mit dem Bundesverteidigungsministerium im Juli 2009 äußerte Nöll jedoch, er halte es für sinnvoll, anstelle von bewaffneten Sicherheitskräften Soldaten an Bord von Handelsschiffen mitfahren zu lassen: »Dabei ist mir auch deutlich, dass es nicht möglich ist, alle 15.000 bis 17.000 Schiffe, die jährlich durch den Golf von Aden fahren, mit Soldaten zu besetzen. Doch bei langsam fahrenden Schiffen mit niedrigem Freibord macht dies durchaus einen Sinn.«

Nöll geht davon aus, dass vier Soldaten pro Schiff ausreichen, um Angriffe nicht nur abzuwehren, sondern Piraten auch abzuschrecken: »Da diese auf ihren Lebenserwerb aus sind, sind sie keine Selbstmörder. Wenn sie keinen Erfolg sehen, dann lassen sie von einem Überfall ab.«

Weshalb er Soldaten den bewaffneten zivilen Sicherheitskräften vorzieht, begründet der Hauptgeschäftsführer des Verbandes so: »Hinter Soldaten steht eine militärische Infrastruktur. Die Soldaten sind nicht allein und auf sich gestellt. Das funktioniert auch nur, wenn man ein Kriegsschiff in der Nähe hat, das diese Soldaten mit beschirmt. Bei den begleiteten Schiffen der Nahrungsmitteltransporte hat sich dies schon bewährt.«

Wäre zur erfolgreichen Bekämpfung der Piraterie nicht eine viel stärkere internationale Zusammenarbeit notwendig?

Hans-Heinrich Nöll: »Es ist ja bereits eine verblüffende Zusammenarbeit zwischen Staaten vorhanden, das ist schon revolutionär, gemessen an alten Zuständen, und außerordentlich positiv.

Globalisierung bedeutet, dass wir diese Dinge nicht mehr nationalstaatlich regeln können, obgleich unsere Marine das umfassendste Mandat aller Zeiten hat. Wir haben immer gesagt, wenn die Deutsche Marine eingesetzt wird, dann wird sie eingesetzt zum Schutz der internationalen Handelsschifffahrt. Das heißt, sie ist nicht allein dafür da, Schiffe unter deutscher Flagge zu schützen oder Schiffe deutscher Eigner oder mit deutschen Besatzungen, sondern alle Schiffe. Unser Standpunkt ist nicht: Ihr als Deutsche Marine müsst uns helfen., sondern ihr müsst uns helfen, indem ihr allen helft. Für mich steht es fest, das ist eine Angelegenheit der Weltgemeinschaft. Wir reden von der hohen See, die keinem Staat gehört. Zwei drittel der Erdoberfläche sind Verantwortungsbereich der Staatengemeinschaft. Dafür steht das Seerechtsübereinkommen. Als das Seerechtsübereinkommen 1982 geschlossen wurde, hat noch jeder gedacht, Piraterie sei heute gar kein Problem mehr. Aber die Verpflichtung zur Bekämpfung steht in dem Vertrag, weil es so unumstritten ist.«

Zudem forderte der Verband weitere Korridore für die Schifffahrt einzurichten, die von der Marine überwacht werden, beispielsweise entlang der ostafrikanischen Küste bis zu den Seychellen.

Der frühere Verteidigungsminister Franz Josef Jung (CDU) lehnte jedoch die Forderung der deutschen Reeder ab, an Bord ihrer Schiffe Soldaten zum Schutz vor Piraten einzusetzen. Stattdessen forderte er sie auf, mehr Schiffe unter deutsche Flagge zu stellen und mit deutschen Besatzungen zu bemannen.

Die Lürssen Werft zeigt auf ihrem Messestand, dass sie schnelle Motoryachten ebenso bauen kann wie Patrouillenboote für Militär und Polizei. (Foto: Eigel Wiese)

M S&D: Messe und Kongress zur maritimen Sicherheit

Bevor sie die Hallen des Hamburger Messegeländes betreten durften, mussten sich die Besucher der dreitägigen Fachmessse Maritime Security & Defence Sicherheitskontrollen unterziehen, wie auf einem Flughafen. Also auch durch eine Sicherheitsschleuse gehen, die Metall an ihrem Körper anzeigte. An jenen Tagen Ende Oktober/Anfang November 2009 fiepte der Detektor fast ununterbrochen, denn die Militärs aus aller Welt, von denen viele diese Fachschau besuchten, trugen jede Menge Metall an ihren Körpern, als glänzende Knöpfe, Dienstgradabzeichen und Auszeichnungen. Es war ein buntes Bild, denn mehr als 20 Marinedelegationen von allen Kontinenten waren zu diesem Anlass nach Hamburg gekommen.

Die Militärs und auch zivile Sicherheitsexperten, Politiker und Vertreter von Wirtschaftsunternehmen informierten sich in der Ausstellungshalle über das, was internationale Unternehmen der Sicherheitsindustrie und maritime Institutionen entwickelt haben, um Seewege sicherer zu machen. Sie präsentierten auf ihren Ständen komplette Schiffskonzepte, Waffen, ferngelenkte Aufklärungshubschrauber und viele kleine und wirkungsvolle Tricks, um das Entern von Schiffen zu erschweren. Ebenfalls während dieser drei Tage referierten internationale Sicherheitsexperten in einem Konferenzprogramm über maritime Sicherheit, wobei allein der Abwehr von Piraterie ein ganzer Vortragsblock gewidmet wurde.

Die Messe mit der Abkürzung MS&D fand keineswegs das erste Mal in Hamburg statt, aber zum ersten Mal war es eine eigenständige Veranstaltung. Bislang war sie ein Anhängsel der weltweiten Leitmesse des Schiffbaus, der SMM, für Schiff, Maschine und Meerestechnik gewesen. Die Ausweitung und Eigenständigkeit trägt dem gewachsenen Bedürfnis Rechnung, mehr über die Sicherheit auf den Meeren zu erfahren und ein Forum für den Austausch von Expertenwissen zu haben.

Die weltweit zunehmende Piraterie, auf die besonders die Verhältnisse am Golf von Aden aufmerksam machen, richtet offenkundig nicht nur wirtschaftlichen

Schaden an, sondern hat auch positive Auswirkungen auf einen Wirtschaftszweig, der eigentlich bevorzugt im Verborgenen arbeitet, denn längst ist die Abwehr von Piraten nicht mehr nur eine staatliche Aufgabe von Marineeinheiten. Die maritime Koordinatorin der Bundesregierung und Parlamentarische Staatssekretärin im Bundeswirtschaftsministerium, Dagmar Wöhrl, machte dies den Reedern deutlich. Sie dürften sich nicht allein auf den Schutz der Marine verlassen, sondern müssten auch eigene Maßnahmen zum Schutz ihrer Schiffe und der Besatzungen ergreifen. Das bedeutet, in Sensor- und Überwachungstechnik zu investieren.

Was Reeder zum Schutz ihrer Schiffe unternehmen können, zeigten 60 Aussteller in der Messehalle. Waffen an Bord ihrer Schiffe lehnen die meisten Unternehmen ab, zivile bewaffnete Begleiter meist ebenfalls. Folglich entwickelten mehrere Unternehmen alternative Abwehrmittel, die auch von den Besatzungen selbst eingesetzt werden können. Jeden Vergleich mit militärischen Begriffen versuchen sie dabei zu vermeiden.

So hört es ein Vertreter des Norderstedter Unternehmens Jabsco, ein Tochterunternehmen des amerikanischen ITT-Technologie-Konzerns Technology Corporation, der solche Geräte baut, gar nicht gern, wenn das von ihm vertriebene Gerät mit der umständlichen Bezeichnung Long Range Acoustic Device (LRAD) umgangs-

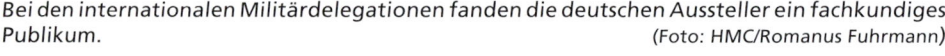

Bei den internationalen Militärdelegationen fanden die deutschen Aussteller ein fachkundiges Publikum. (Foto: HMC/Romanus Fuhrmann)

sprachlich in Deutschland zur Schallkanone geworden ist. Dieses unscheinbare vier-
eckige Gerät, nicht größer als eine Satellitenschüssel, verschießt lediglich Schallwellen. Die aber haben es in sich. Technisch ausgedrückt erzeugt das Long Range
Acoustic Device Signale im Bereich von 2100 – 3100 Hertz mit einem maximalen
Schalldruckpegel von etwa 150 dB. Über Wasser, dort wo Schallwellen besonders
weit tragen, sollen Schiffsbesatzungen annähernde Boote bis zu einem Kilometer
entfernt ansprechen können, also sie beispielsweise vor weiterer Annäherung warnen. Das Gerät lässt sich mit einer Sprachbox kombinieren, auf der die wichtigsten
Redewendungen in den Sprachen der unterschiedlichen Regionen, die das Schiff
durchfährt, im MP3-Standard aufgenommen werden können. Sage dann kein Pirat,
er hätte dies nicht verstanden. Wer diese Aufforderung über das LRAD nicht hören
will, der bekommt es zu fühlen, wenn er sich annähert, denn dann wird der pulsie-
rende Ton so stark, dass er im Ohr Schmerzen erzeugt, den Schalldruck kann der
Bediener auf einen Winkel von 15 bis 30 Grad einengen. Damit sich das Gehör nicht
an den lauten Ton gewöhnt, wechselt er ständig seine Frequenz.

Bei Polizei und Militär hat sich das Gerät bewährt, auch beim Schutz von Kreuzfahrtschiffen gibt es Erfolgsmeldungen. So wehrte das Kreuzfahrtschiff SEABOURNE
SPIRIT damit erfolgreich einen Piratenangriff ab.

Übelkeit, Orientierungslosigkeit und starke Schmerzen sollen bei den Beschall-
ten die Folge sein. Bei nächtlichen Angriffen kann zusätzlich ein starker Schein-
werfer in kurzer Folge Kaltlichtblitze auf ein Boot senden, die es den Angreifern
unmöglich machten, sich noch zu orientieren.

Großer Nachteil des LRAD ist die Tatsache, dass man sich schon mit einem
Schallschutz über den Ohren gegen die schmerzhaften Schallwellen wehren und
weiter angreifen kann.

Damit es in solchen Fällen nicht gelingt, an der Bordwand aufzuentern, hat
das Unternehmen VFR Marine Service eine einfache Methode entwickelt, Piraten
abzuwehren. Der Schrecken der Piraten sieht auf dem Messestand des Unternehmens alles andere als schrecklich aus. Eine grüne und eine rote Flüssigkeit auf dem
Messestand der Firma erweckt eher den Eindruck, als handle sie mit Waldmeister-
und Himbeerlimonade. Wer Interesse hat, darf in die gläsernen Behälter greifen
und anschließend versuchen, die Emulsion wieder von der Haut zu waschen. Sie
ist rutschig und schwer zu entfernen.

VFR Marine Service empfiehlt, Schläuche entlang der Reling von Schiffen zu
verlegen. In pirateriegefährdeten Gewässern sprühen die Schiffspumpen permanent Wasser aus einer flexiblen Leitung, die rund um das Schiff gelegt wird. Bei
einem Angriff wird zuerst die grüne, stark leuchtende Farbe zur Irritation zuge-
mischt – dann das rote Schmiermittel. »Da kommt keiner mehr die Bordwand

hoch, die Angreifer rutschen auf ihren Booten aus und sind zu gezielten Aktionen kaum noch fähig«, verspricht ein Unternehmensvertreter. Nach seiner Auskunft sind bereits mehr als 30 Seeschiffe mit diesem System ausgerüstet.

Neben solchen vergleichsweise einfachen Methoden, sich Piraten vom Rumpf zu halten, zeigen andere Unternehmen Ausrüstungen, die nur mit der Fachkenntnis ausgebildeter Spezialisten bedient werden können.

Der deutsche Konzern ThyssenKrupp Marine Systems zeigte in einer Vitrine ein Modell der Fregatte 125, wie sie zukünftig von der Deutschen Marine verwendet wird.

(Foto: HMC/Michael Zapf)

Dazu gehört ein kleiner, unbemannter Hubschrauber von Diehl BGT Defence, dessen Rumpf voller Sensoren steckt. Gegenüber seinen größeren, bemannten Kollegen hat er den Vorteil, mit der geringen Rotorspannweite von drei Meter Durchmesser selbst auf kleineren Schnellbooten landen zu können, wie sie auch im flachen Wasser von Küstenbereichen patrouillieren. Damit lässt sich ein Seeraum von 50 bis 60 Kilometer rund um das Kontrollschiff überwachen. Bei der Deutschen Marine wurde ein solches Gerät bereits erfolgreich getestet.

Staatssekretär Rüdiger Wolf informierte sich bei einem Messerundgang an der Seite des stellvertretenden Inspekteurs der Marine, Konteradmiral Heinrich Lange, über die neuesten Konzepte bei militärischen Schiffen. (Foto: HMC/Michael Zapf)

Eine noch geringere Rotorspannweite hat ein unbemannter Hubschrauber, den das Zentrum für Funktionswerkstoffe an der Technischen Universität Clausthal-Zellerfeld bis zur Serienreife entwickelt hat und durch die Halle fliegen lässt. Der Durchmesser des Propellers beträgt nur 1,80 Meter, damit kann diese Drohne auch auf kleineren Patrouillenbooten landen. In der Luft hält sie sich aber nur rund eine halbe Stunde. Solche Drohnen können auch mit Waffen bestückt werden und Piratenangriffe schon aus der Entfernung abwehren. Ihre Ziele suchen sie sich über den Einsatz von Wärmebildkameras selbst.

Die Messe zeigt aber nicht nur Methoden zur Abwehr von Piraten. Unternehmen stellen dort auch Systeme kompletter Marine- und Polizeischiffe vor. Bei ThyssenKrupp Marine Systems ist es das Projekt Fregatte 125, ein neu konzipiertes Kriegsschiff, wie es den zukünftigen Anforderungen der Deutschen Marine ent-

Die Firma MUSC gehört zu jenen Unternehmen, die Schulungen und Trainings zur Abwehr von Piratenüberfällen organisieren. (Foto: Eigel Wiese)

spricht. Für Auslandseinsätze kann diese Fregatte zwei Jahre anstelle der zurzeit üblichen sechs bis acht Monate in einem Einsatzgebiet bleiben. Die erste Einheit soll im Jahre 2014 in Dienst gestellt werden, drei weitere folgen. An Bord wird dann eine Besatzung von 110 Mann sein anstelle der 220 bis 240 Soldaten, die auf den heute verwendeten Typen Dienst tun. Mit der Bewaffnung eignen sich die Schiffe für die Bekämpfung von Zielen in einem asymmetrischen Krieg.

Der Einsatz von Fregatten zur Pirateriebekämpfung, also im küstennahen Bereich, ist in der Fachöffentlichkeit nicht unumstritten, da derart große Schiffe dort nur eingeschränkt tätig werden können. Deshalb bieten andere Werften kleinere Schiffstypen an, die als Offshore Patrol Vessel (OPV) bezeichnet werden, also als Streifenboote für den Seeeinsatz. Solche Konzepte haben die Werften Lürssen und Fassmer entwickelt. Dabei lockt Lürssen als Blickfang auf seinem Messestand mit einem Schiffsmodell, das vorn Kriegsschiff und achtern Luxusmotoryacht ist, um seine Kernkompetenzen in den Mittelpunkt zu rücken.

Auf anderen Ständen sind schlanke, moderne Raketensysteme zu sehen, an deren kompakten Ausführungen man schon sehen kann, wie leicht sich solche Waffen nicht nur einsetzen lassen, sondern wie leicht sie sich auch durch die Absperrungen von Embargozonen schmuggeln lassen.

Neben der Fachmesse lief der Kongress, der sich mit Themen maritimer militärischer Sicherheit auf der einen und Piraterie in einem anderen Panel beschäftigte. Vortragende waren hochrangige internationale Admiräle und Sicherheitsexperten. Dies entlockte einem der Moderatoren uneingeschränktes Lob. »Es gelingt sehr selten, derart viele Experten aus internationalen Marinen auf einer Veranstaltung zusammenzubringen wie hier bei der MS&D«, freute sich Vizeadmiral a. D. Lutz Feldt, der bis 2006 Inspekteur der Deutschen Marine war und jetzt Präsident des Deutschen Marine Institutes (DMI) ist.

Konteradmiral Ulrich Otto, Chairman des Defence-Themenblocks, der die lokalen Krisenherde und Verteidigungsmaßnahmen in den Mittelpunkt stellte, hob die besondere Rolle der MS&D für die internationale Zusammenarbeit hervor: »Die MS&D und andere Veranstaltungen dieses Zuschnitts spielen im Hinblick auf die Kooperationen der Marinen untereinander und mit Unternehmen der maritimen Industrie eine äußerst wichtige Rolle. Die MS&D hat in diesem Zusammenhang eine bedeutende Funktion des Informations- und Erfahrungsaustauschs.« Er konstatierte, dass sich die Marinen durchweg auf die neue Weltsituation und den Wandel ihrer Aufgaben eingestellt haben. Heute gehe es vorrangig um Krisenkontrolle, aber auch um humanitäre Unterstützung und Katastrophenhilfe. Die Vorträge zeigten überdies, dass in der Ausrüstung künftig neue Wege beschritten werden müssen. Man müsse weg von den großen Superschiffen und stattdessen verstärkt auf kleinere, flexiblere Marineeinheiten setzen.

Einig waren sich nahezu alle Teilnehmer, dass die Piraterie als Problem nicht kurzfristig zu lösen sei.

Konteradmiral Khawaja Ghazanfar Hussain von der pakistanischen Marine: »Im Rahmen der Operation Enduring Freedom haben wir mehr als 4.000 Schiffe durchsucht und rund 100 Boarding-Operationen durchgeführt. Auch an der Task Force 151 sind wir beteiligt.« (Foto: Eigel Wiese)

Pirateriebekämpfung aus der Sicht Pakistans

Es war eine feierliche Zeremonie im Hafen von Manama, der Hauptstadt des Inselstaates Bahrain. Die pakistanische Fregatte SHAHJAHAN lag Heck an Heck mit der deutschen Fregatte SCHLESWIG-HOLSTEIN. Auf dem Flugdeck der pakistanischen Fregatte war der Marinestab Pakistans angetreten, ihm gegenüber der deutsche Führungsstab des internationalen Verbandes »Task Force 150«. Dreieinhalb Monate hatten die Mariner des asiatischen Landes die Führung innegehabt, nun übergaben sie diese turnusgemäß an die Deutschen.

Aufgabe dieser Task Force 150 ist die Überwachung des Seegebietes vom Roten Meer über den Golf von Aden bis zur Straße von Hormus. Dem Verband gehören neun Schiffe aus fünf Nationen an. Der amerikanische Vizeadmiral Patrick M. Walsh übertrug das Kommando vom pakistanischen Flottillenadmiral Shahid Iqbal an den deutschen Flottillenadmiral Heinrich Lange.

Es war eine der seltenen Gelegenheiten, bei denen europäische Medien über die militärischen Bemühungen zur Piratenabwehr der Länder Arabiens und des Mittleren Ostens berichteten. Ansonsten richten sie ihren Fokus eher auf die europäische oder US-amerikanische Beteiligung.

Gegründet wurde die Task Force 150 unter dem Eindruck der Terroranschläge vom 11. September 2001. Der Verband überwacht das Seegebiet und klärt insbesondere die Tätigkeit irregulärer Kräfte in der Region auf. Besonders gefährdete Schiffe können sich, zum Beispiel wenn sie die Meerenge des Bab al-Mandab am Südeingang des Roten Meeres passieren, unter den Schutz der internationalen Marineschiffe stellen lassen. Die starke militärische Präsenz hatte einen positiven Nebeneffekt – die Angriffe von Piraten auf Handelsschiffe gingen deutlich zurück. Eine eindeutige Ermächtigung, gegen Piraten vorzugehen, hatten jedoch nicht alle entsendenden Länder ihren Marineschiffen erteilt und wollten dies auch in Zukunft nicht. Eine neue Task Force 151 hat nun das Mandat zur Bekämpfung von Seeräuberei. Schiffe derjenigen Staaten, die kein entsprechendes Mandat zur Piraterickämpfung erteilt haben, bleiben in der bisherigen Task Force 150, während andere dem neu aufgestellten Verband unterstellt werden und damit auch Piraten jagen dürfen.

Die Beteiligung Pakistans an den Marinemissionen gegen Terroristen und später auch Piraten geschieht vor dem Hintergrund der eigenen Lage des Landes. Es wird selbst immer wieder von Terroranschlägen erschüttert. Prominentestes Opfer wurde Ex-Premierministerin und Oppositionsführerin Benazir Bhutto. Daneben starb auch eine ganze Reihe von in Europa weniger bekannten politischen Leistungsträgern an den Folgen von Anschlägen. Gut 2.000 Soldaten verloren in Einsätzen gegen Terroristen oder bei Selbstmordanschlägen auf Kontrollposten und Kasernen ihr Leben. Der gegenwärtige Präsident Asif Ali Zardari überlebte zwei Attentate. Die Anschläge erfolgten teilweise im Abstand weniger Stunden. Nach dem Start einer Militäroffensive in der Rebellenhochburg Südwaziristan haben die radikal-islamischen Taliban und pakistanische Aufständische Anfang November vermehrt Anschläge im ganzen Land verübt. In der unwegsamen Bergregion an der Grenze zu Afghanistan werden nicht nur die Anführer der Taliban, sondern auch Al-Kaida-Chef Osama bin Laden vermutet.

Soldaten, die Kontrollposten eingerichtet haben, laufen ständig Gefahr, dass Selbstmordattentäter sich aus Angst vor Festnahmen bei der Überprüfung zusammen mit den Armeeangehörigen in die Luft sprengen. Dabei nehmen sie auch keine Rücksicht auf Verluste aus eigenen Reihen.

Außerdem muss die Wirtschaft des Landes die Anwesenheit von drei Millionen Menschen verkraften, die sich als Flüchtlinge nach Pakistan gerettet haben.

Zugleich liegt das Land im Einflussbereich einer der wichtigsten Wasserstraßen des Welthandels. Dort verlaufen wichtige Seeverkehrswege, wird die Hälfte des Welthandels nach Werten abgewickelt und ein Drittel des Ölverbrauchs von Nordamerika, Westeuropa und des Fernen Ostens transportiert. Allein durch die Straße von Hormuz fahren Tag für Tag Tanker, die zusammengenommen 17 Millionen Barrel Rohöl transportieren.

Wie Pakistans Marine auf diese schwierige Situation im Lande und den Gewässern vor seiner Küste reagiert, das erläutert Konteradmiral Khawaja Ghazanfar Hussain : »Wir beteiligen uns seit dem April 2004 an dem so genannten Coalition-Maritime-Campaign-Plan, der gemeinhin als CMPC bekannt ist. Das ist die maritime Komponente der Operation Enduring Freedom. Ich bin stolz sagen zu können, dass wir mit unseren Schiffen unter allen teilnehmenden Marinen die höchste Einsatzpräsenz erreichen. In dieser Zeit haben wir mehr als 4.000 Schiffe durchsucht und rund 100 Boarding-Operationen durchgeführt.

18 dieser Schiffe wurden von uns festgesetzt. Zusätzlich haben Kontrollflugzeuge unserer Marine in Zusammenarbeit mit dem Hauptquartier von NAVCENT, der Führung dieser Operation, die Seeregion regelmäßig kontrolliert. Außerdem haben wir Soldaten für diesen und die Stäbe anderer Militärverbände gestellt.«

Wie ist dieses in der Region aufgenommen worden?

Hussain: »Ich bin sicher, unser unermüdliches Engagement hat andere Marinen in der Region dazu bewogen, sich ebenfalls der Task Force anzuschließen. Nach meiner Überzeugung spielt die Beteiligung der Staaten der Region eine wichtige Rolle bei den Operationen.«

Dieses sind aber Einsätze gegen den Terrorismus. Der zeitweise Rückgang der Piraterie war nur ein Nebeneffekt. Was unternimmt die pakistanische Marine gegen den zunehmenden Seeraub?

Hussain: »Als die Task Force 151 am 1. Januar 2009 aufgestellt wurde, haben wir uns auch daran beteiligt, um auch bei der Bekämpfung der Piraterie am Horn von Afrika präsent zu sein. Mit zwei Zerstörern und einem Küstenwachboot ist damit ein wesentlicher Teil unserer Marine an den Task Forces 150 und 151 beteiligt.«

Mit diesem Engagement schützt Pakistan zugleich auch seine eigene Flotte. Wie alle Operationen aller Länder auf See ist sie allerdings nicht immer erfolgreich. Im Mai 2009 brachten Piraten, die unter dem Kommando des Piratenführers Ahmed Abd aus Haradere standen, 100 Kilometer vor Mogadischu das pakistanische Motorschiff AL-MISAN in ihre Gewalt. Es hatte Fahrzeuge, Zucker und Speiseöl für somalische Händler an Bord.

Pikanterweise sind unter festgenommenen Piraten aber teilweise auch pakistanische Staatsbürger. So brachte die Besatzung des russischen U-Boot-Jägers ADMIRAL PANTELEJEW im April 2009 vor Somalia ein Piratenschiff mit 29 Seeräubern auf, die Waffen an Bord hatten. Es war ein bunt gemischter Haufen aus somalischen, iranischen und pakistanischen Staatsbürgern. Sie wurden Anfang Mai den zuständigen Behörden Irans und Pakistans übergeben.

Nicht immer aber beteiligen sich allerdings Pakistani freiwillig an solchen Piraterie-Aktionen. Anfang Dezember 2009 fiel das unter pakistanischer Flagge fahrende Fischereischiff SHAHBAIG mit 29 Besatzungsmitgliedern in die Hand somalischer Seeräuber. Sie plünderten das Schiff nicht aus, sondern setzten es als so genanntes Mutterschiff ein, also als Basis für Schnellboote, die von dort aus weit draußen auf dem Indischen Ozean zuschlagen konnten. So diente es als Basis für den Überfall auf den britischen Autotransporter ASIAN GLORY, der mit 25 Besatzungsmitgliedern und 4.300 Fahrzeugen an Bord 620 Seemeilen von der somalischen Küste fuhr und Autos von Singapur nach Saudi-Arabien brachte. Die Piraten schlugen zu, noch bevor das Schiff sich einem Gruppentransit anschließen konnte. Zur Besatzung gehörten acht Bulgaren, einschließlich des Kapitäns, zehn Ukrainer, fünf Inder und zwei Rumänen.

Vor der Küste Pakistans verlaufen einige der wichtigsten Schifffahrtsstraßen der Erde für die Versorgung mit Erdöl. (Foto: Eigel Wiese)

Nachdem die Angreifer den Transporter geentert hatten, benötigten sie die SHAHBAIG nicht mehr, ein Schiff voller Autos versprach das höhere Lösegeld. Um beide Schiffe in ihrer Gewalt zu halten, waren sie zu wenige. Also ließen sie die 29 Fischer frei und mit ihrem Schiff die Fahrt nach Pakistan fortsetzen. Bei dem Überfall hatte sich ein Matrose ein Bein gebrochen, ansonsten war die Mannschaft unverletzt geblieben.

Nicht alle Staaten der Region bringen ihre Schiffe in die beiden Task Forces 150 und 151 ein. Sie scheinen den arabischen Politikern zu sehr unter US-Einfluss zu stehen. Handlungsbedarf gegen Piraten aber sehen auch sie. Am 30. Juni 2009 berichtete die jemenitische Zeitung »Al Ayam«, elf arabische Staaten hätten in Riad die Bildung eines multinationalen Flottenverbandes zum Schutz der Handelswege vor Seepiraten in der Bucht von Aden, im Roten Meer und im Westteil des Indischen Ozeans beschlossen. Nach Angaben der Zeitung wollen sich folgende Staaten beteiligen: Ägypten, Bahrain, Dschibuti, Jemen, Jordanien, Katar, Kuwait, Oman, Saudi-Arabien, Sudan und die Vereinigten Arabischen Emirate. Über anlaufende Operationen ist jedoch noch nichts bekannt.

David Hopley, ehemaliger Oberst des britischen Special Boat Service, gibt seine Erfahrungen während eines Seminars in Zusammenarbeit mit dem liberianischen Flaggenregister weiter.
(Foto: Eigel Wiese)

Was unternimmt der Flaggenstaat Liberia zum Schutz der Schiffe in seinem Register?

Es gibt Politiker, die wollen der Deutschen Marine den Auftrag erteilen, nur deutsche Schiffe zu schützen. In dem Sinne sprach auch ein Bundestagsabgeordneter, der meinte, »wenn so viele Kreuzfahrtschiffe unter der Flagge der Bahamas fahren, dann sollte die Marine des Inselstaates auch weltweit für deren Schutz gegen Piraten sorgen«.

Einer der Staaten, unter deren Flaggenregister ebenfalls deutsche Reedereien ihre Schiffe registrieren lassen, ist das westafrikanische Land Liberia. In Hamburg ist das Register mit einem eigenen Büro vertreten.

Dessen Geschäftsführer Jörg Molzahn erklärt, was dieses Register unternimmt, um Schiffe unter seiner Flagge zu schützen: »Bei solchen Darstellungen wird nicht berücksichtigt, dass auch Schiffe unter ausländischer Flagge den Schifffahrtsstandort Deutschland stärken, denn Reeder unter deutscher oder europäischer Flagge wären aufgrund der Vorschriften sonst auf keine Weise auf dem internationalen Markt konkurrenzfähig.«

Wiese: Nun gibt es ja ein deutsches Zweitregister. Welchen Vorteil bietet das liberianische Register gegenüber diesem deutschen Zweitregister?

Molzahn: Das liberianische ist kein staatliches Register, wie beispielsweise die europäischen Register. Die Liberian Ship and Corporate Registry LLC., kurz LISCR, ist eine private Firma mit dem Sitz in den USA, die das Schiffs- und Handelsregister Liberias kommerziell betreibt. Im Unterschied zu den anderen Schiffsregistern unterhalten wir weltweit Büros, an allen großen Schifffahrtsstandorten der Welt. Das Headoffice sitzt in der Nähe von Washington, wir haben weitere Büros in New York, in London für die IMO, wir haben ein Büro hier in Hamburg, wir haben ein Büro im großen Schifffahrtsstandort Griechenland, wir haben große Büros in Hongkong und Tokio, um den asiatischen Markt abzudecken, und wir überlegen, ob wir weitere Büros aufmachen.

Das sind keine Repräsentanten, die nur E-Mails weiterleiten, sondern die vor Ort agieren können.

Der Vorteil für den Reeder ist ganz klar, wenn er Probleme hat. Beispielsweise wenn ein Mann ausgefallen ist, benötigen sie eine Ausnahmegenehmigung vom Flaggenstaat, damit das Schiff weiter von A nach B fahren darf. Warten kostet viel Geld. Wenn es dem Schiff in Asien oder in den USA passiert, dann dauert es lange, bis hier in Deutschland die Büros öffnen. Dann hat man möglicherweise 10 bis 12 Stunden verloren. Das ist eine lange Zeit, um aus der Charter herauszugehen und damit ein Riesenverlust. Da bieten wir also einen großen Vorteil, denn wir können mit unseren weltweit 200 Mitarbeitern deutlich flexibler reagieren. Für das liberianische Register arbeiten mehr als 300 Inspektoren und Auditoren.

Wiese: Welchen Bezug haben denn unter der Flagge Liberias registrierte Schiffe noch zu Deutschland, außer der Postadresse der Reederei?

Molzahn: Dazu möchte ich etwas ganz Wichtiges bemerken: Alle Schiffe, welche unter die Tonnagesteuer fallen, müssen erst im deutschen Erstregister eingetragen werden, um dann, beispielsweise nach Liberia, ausgeflaggt werden zu können. Es sollte beachtet werden, dass mehr als 95 Prozent der von Deutschland aus gemanagten Schiffe, welche im Liberia-Register registriert sind, erst im deutschen Erstregister eingetragen wurden, bevor sie für zwei Jahre die Flagge Liberias führen dürfen. Dies ist ein ganz entscheidender Punkt! Man denke auch mal an die Erträge, welche die Bundesregierung allein mit diesen temporären Ausflaggungsgenehmigungen erwirtschaftet.

Grundsätzlich behält sich die Bundesregierung das Recht vor, diese Ausflaggungsgenehmigung, beispielsweise in einem Notfall, jederzeit wieder zu entziehen.

Mit anderen Worten: Weit über 900 Schiffe führen die Flagge Liberias, sind aber gleichzeitig im deutschen Erstregister registriert und lediglich für einen Zeitraum von zwei Jahren nach Liberia ausgeflaggt.

Ich möchte niemanden zu nahe treten, aber bei dieser Debatte kommt es mir manchmal so vor, als wenn einige Politiker, welche sich zu diesem Thema äußern, sich dieser Tatsache nicht ganz bewusst sind. Knapp ein Drittel der in Liberia registrierten Flotte, dem zweitgrößten Schiffsregister der Welt, steht dem deutschen Schiffsregister tatsächlich näher als mancher denkt. Ich nehme die politischen Debatten, ob und wie die Deutsche Marine Schiffe unter der Flagge Liberias schützen solle, angesichts der genannten Umstände oft mit Erstaunen zur Kenntnis.

Wiese: Nun hat ein Flaggenregister ja auch hoheitliche Aufgaben. Wie können Sie die als Wirtschaftsunternehmen erfüllen?

Molzahn: Wir stimmen als Liberia-Register zwar nicht bei der IMO ab, das machen Repräsentanten des Staates Liberia. Aber wir stellen die maritime Kompetenz zur Verfügung. Wir unterbreiten dem Staat Liberia entsprechende Vorschläge, die in Expertengruppen erarbeitet wurden. Und dann wird entsprechend für Liberia abgestimmt. Das Gleiche gilt auch für Vorschläge, die in der EU eingereicht werden. Wir versuchen also unsere Kompetenz dort einzubringen. Wir arbeiten sehr eng mit amerikanischen Juristen zusammen, denn das gesamte maritime Gesetz Liberias ist sehr eng mit dem amerikanischen verknüpft. Entsprechend sind auch die Anforderungen Liberias sehr hoch.

Jörg Molzahn vom liberianischen Flaggenregister: »Wir haben Regeln zur Abwehr von Piratenangriffen aufgestellt. Sie haben sich bisher bewährt.« (Foto: Eigel Wiese)

Wiese: Und wie steht es um den Schutz von Schiffen unter liberianischer Flagge?

Molzahn: Wir sind kürzlich an den Verband deutscher Reeder (VdR) herangetreten, weil wir als Liberiaregister gern ein Abkommen erstellen würden, das internationalen Soldaten, die an der Mission Atalanta teilnehmen, an Bord liberianischer Schiffe ihren Dienst verrichten. Wir genehmigen denen, an Bord liberianischer Schiffe, also auf unser Hoheitsgebiet, zu kommen, um Seeleute sowie Schiff und Güter, die befördert werden, zu schützen. Das ist bisher einzigartig.

Wir haben versucht, das über den VdR an die Bundesregierung zu vermitteln.

Wiese: Wie war die Reaktion?

Molzahn: Die Reaktion beim VdR war positiv, da unser Vorschlag grundsätzlich im Interesse der Mitglieder des Verbandes sei. Allerdings hat dessen Geschäftsführer Dr. Nöll (wir sprachen mit Dr. Thies Heitmann) uns auch gesagt, wie problematisch das in der Praxis umzusetzen ist, denn dafür würde das Mandat der

Deutschen Marine nicht ausreichen. Mit anderen Worten, selbst wenn Liberia damit einverstanden wäre, heißt das noch lange nicht, dass deutsche Soldaten das dann auch umsetzen.

Wiese: *Was ist denn Ihre Auffassung?*

Molzahn: Grundsätzlich ist jedem zu helfen, der auf See in Not gerät. Ich finde es überhaupt nicht richtig, dass es überhaupt eine Diskussion gibt, ob man Schiffe aufgrund ihrer Nationalität schützt oder nicht schützen soll. Wenn man ausgeflaggte Schiffe deutscher Reeder schützt, dann schützt man auch das Eigentum deutscher Anleger. Man schützt deutsche Arbeitsplätze und man schützt Ladung, die für Deutschland bestimmt ist, oder die von Deutschland in die Welt verschickt wird. Die Diskussion, welche Flagge das Schiff führt, ist aus unserer Sicht unnötig.

Wiese: *Das deutsche Verteidigungsministerium hat die Anregung des Verbandes deutscher Reeder abgelehnt, deutsche Soldaten auf anderen Schiffen mitfahren zu lassen, als jenen, die zum Welt-Ernährungsprogramm gehören. Wie wirkt sich dieses jetzt auf die Schiffe unter liberianischer Flagge aus?*

Molzahn: Die Ablehnung bedeutet, dass die Reeder und die Besatzungen der Schiffe sich anhand der »Best Management Practice«-Empfehlungen selber individuell vorbereiten und reagieren müssen, sofern ihre Schiffe die gefährdeten Gebiete passieren.

Bislang wurde kein Schiff gekidnappt, welches sich anhand dieser Empfehlungen auf einen möglichen Angriff vorbereitet hat. Wir empfehlen nicht, die Besatzungen selber zu bewaffnen, allerdings verbietet liberianisches Recht auch nicht explizit, dass Waffen zum eigenen Schutz an Bord geführt werden dürfen.

Sofern eine Reederei es also für notwendig und vertretbar erachtet, geschulte externe Sicherheitskräfte mit an Bord fahren zu lassen, um die Mannschaft vor den Angriffen somalischer Piraten zu schützen, dann ist dies aus Sicht des Liberia-Registers akzeptabel.

Wiese: *Welche Ansprüche müssen solche Sicherheitsunternehmen aus Ihrer Sicht erfüllen?*

Molzahn: Für unsere Kunden stellt sich die Frage, welches Unternehmen ist gut, welches kann man nehmen? Wer bietet einen qualifizierten Service?

Wir als Flaggenstaat müssen hinterfragen, wie qualifiziert die Unternehmen sind. Welche Waffen bringen die mit an Bord? Sind diese Waffen legal? Sind die Leute entsprechend ausgebildet? Sind genügend Rettungsmittel an Bord des Schiffes, damit fünf bis sechs weitere Leute an Bord kommen können?

Wichtig ist auch die Frage, was geschieht, wenn eine solche private Sicherheitsfirma Waffen an Bord bringt, die nicht legal sind, und sie verletzen ein Crewmitglied, oder schlimmer, sie töten jemanden. Oder es kommt zum Todesfall eines Piraten, daraus entsteht ein Problem, dem es vorzubeugen gilt. Darüber machen sich sehr viele Reeder Gedanken. Wir planen jetzt ein Projekt mit einer privaten Sicherheitsfirma, das wir begleiten werden und an dem sich auch ein, zwei deutsche Reeder beteiligen werden. Mehr möchte ich vor Abschluss des Projektes dazu noch nicht sagen.

Nachwort

Schifffahrt verläuft weltweit, nicht erst in den heutigen Zeiten der Globalisierung. Seefahrer dachten schon immer in den Dimensionen von Kontinenten und Meeren. Ihnen war kein Weg zu weit, um Waren zu transportieren, die sich am Ziel mit Gewinn absetzen ließen. Phönizier, Chinesen, Wikinger, Europäer und Völker der Südsee unternahmen bereits Fahrten, deren Dauer und Entfernung auch heute noch Staunen und Anerkennung hervorrufen. Die Meere haben seit Menschengedenken Kontinente mehr verbunden als getrennt. Seefahrer waren es deshalb immer schon gewohnt, sich gegen die Gefahren der See zu schützen. Gegen Piraten dagegen waren sie oft machtlos.

Die Konsumenten der Waren machten sich zu allen Zeiten wenig Gedanken über die Mühen und Gefahren, die es bereitete, sie zu beliefern. Das sahen sie als alleinige Angelegenheit der Seeleute an, die verdienten damit ja schließlich ihr Geld. So ist es bis heute.

Ein Ende der Piratenüberfälle sowohl weltweit als auch vor der Küste Ostafrikas ist nicht in Sicht, eine militärische Lösung kaum Erfolg versprechend. Marineschiffe können zwar Schifffahrtswege sichern, die Zahl der Überfälle verringern, doch ganz verhindern können sie diese nicht.

Aus Kreisen von Politikern kommen immer wieder Lösungsvorschläge, die eigentlich nur Stammtischniveau haben. So drückte CSU-Sicherheitsexperte Hans-Peter Uhl nach der Freilassung der entführten HANSA STAVANGER etwas aus, was tatsächlich auch viele im Lande dachten und denken. Er forderte ein Ende der »Scheckbuch-Diplomatie mit somalischen Piraten«. Für die Piraten am Horn von Afrika sei diese eine Aufforderung zu weiteren Überfällen. Die Gefahr für deutsche Handelsschiffe werde dadurch größer statt kleiner. Uhl forderte eine deutlich härtere Gangart gegen die Seeräuber. Es sei notwendig, gekaperte Schiffe noch auf hoher See notfalls mit Waffengewalt zurückzuerobern. Das setze aber eine ausreichende Zahl von Kriegsschiffen vor Somalia voraus. Uhl sagte, das EU-Mandat lasse den Einsatz militärischer Mittel gegen Piraten durchaus zu. Es sei nur eine Frage des politischen Wollens.

Man kann von einem bayrischen Politiker nicht verlangen, sich in Belangen der Seefahrt auszukennen. Aber dann sollte er bitte auch nicht versuchen, andere Menschen zu unbedachten Handlungen aufzureizen. Ein Schiff mit seinen vielen Ecken, Winkeln und stählernen Wänden, die dem Beschuss aus jeder Handfeuerwaffe standhalten, ist nicht so einfach zu erstürmen, wie ein Flugzeugrumpf, in dem es kaum Versteckmöglichkeiten gibt. Das Erstürmen eines Schiffes würde ein Blutbad zur Folge haben, das weder Piraten noch Geiseln und wahrscheinlich auch nur wenige der militärischen Befreier überleben würden.

Außerdem würde ein solches Vorgehen die Situation bei Überfällen nur eskalieren lassen. Bislang haben die Piraten noch keine ihrer Geiseln getötet. Bei einer Verschärfung der Situation wären Seeleute die Leidtragenden, denn auch die Gewalt gegen sie würde sich steigern, aus Scheinhinrichtungen würden Hinrichtungen werden.

Völlig Recht haben jene, die einwenden, die internationale Gemeinschaft hätte die Hinwendung zur Piraterie früher verhindern und die Überfischung der Region sowie das Verklappen von Giftmüll vor der Küste Somalias rechtzeitig verhindern müssen. Doch Chancen hinterherzutrauern, die vertan sind, hilft weder den Menschen der Region noch der internationalen Schifffahrt.

Sinnvoller ist es tatsächlich, die Rechtsstaatlichkeit in Somalia wieder herzustellen, der somalischen Regierung die Voraussetzungen für einen gelungenen politischen Dialog zu garantieren und die Verstärkung ihrer Fähigkeit zur Ausübung ihrer hoheitlichen Aufgaben zu gewährleisten. Das aber wird kurzfristig kaum möglich sein, denn die Kriminellen, die hinter der Piraterie stecken, werden alles daran setzen, ihre sicheren Einnahmequellen nicht versiegen zu lassen. Sie haben die finanziellen und militärischen Mittel in der Hand, sich gegen eine solche »Störung« ihrer Geschäfte zu wehren. Der Blick zu den Drogenkartellen Mittelamerikas zeigt, was sich dann in Somalia abspielen könnte. Der Bürgerkrieg würde wieder aufflammen.

Da eine militärische Lösung nicht zu erreichen ist, müssen die Drahtzieher im Hintergrund unter Druck gesetzt werden. Es ist unwahrscheinlich, dass sie überhaupt in Somalia sitzen. Deren Konten wären zu sperren, der Fluss der Lösegelder nach einer Freilassung der Geiseln also zu verfolgen.

Herauszufinden, wer die Drahtzieher der Piraterie sind, ist eine Aufgabe für die internationalen Geheimdienste, wenn sie nicht schon längst daran arbeiten. Doch sie hüllen sich in dieser Frage in Schweigen. Schließlich heißen sie nicht umsonst Geheimdienste.

Bei der Intergovernmental Authority on Development (IGAD), einer 1996 gegründeten regionalen Organisation von Staaten in Nordostafrika mit Sitz in Dschibuti, geht man nach Worten des Generalsekretärs Mahboub M. Maalim längst davon aus, dass an den Geschäften der Piraten auch Geschäftsleute aus Saudi-Arabien und Dubai beteiligt sind. Der militärische Stil der meisten Überfälle und der gute Informationsfluss zwischen den Wirtschafts- und Medienzentren der Welt sowie der Piratenregion Ostafrika deuten zudem auf straff organisierte Kriminalität hin.

Gleich zu Beginn ihres zweitägigen Arbeitstreffens im Mai 2009 in Rom einigten sich die Innen- und Justizminister der sieben führenden Industriestaaten und Russlands (G8) darauf, die Beschlagnahme von Geldern und Gütern krimineller Organisationen wie der Mafia auf alle G8-Staaten auszudehnen. Italiens Innenminister Roberto Maroni sprach von einem »siegbringenden Rezept« gegen die internationale Drogen- und Waffenmafia. Dieses Verfahren sollte auch auf die Hintermänner der Piraterie angewendet werden.

Ein weiteres Thema der G8-Beratungen war folglich die Bekämpfung der Piraten am Horn von Afrika. Interpol-Chef Ronald Noble rief die Regierungen zu einem koordinierten Vorgehen auf. Piraterie müsse wie das organisierte Verbrechen bekämpft werden, militärische Mittel allein reichten nicht aus. Noble schlug die Bildung einer staatsanwaltlichen Ermittlungsgruppe vor, die von allen 187 Interpol-Mitgliedern unterstützt werden soll. Außerdem sprach er sich für den Aufbau gemeinsamer Datenbanken aus, in denen Informationen und Erkenntnisse über mutmaßliche Piraten und deren Umfeld gespeichert werden sollen.

Das sind Erfolg versprechende Ansätze. Auf jeden Fall muss sich eine strategisch ausgerichtete Denkweise von internationalen Dimensionen durchsetzen. Wer nur national an seine eigenen Interessen und in seinen eigenen Grenzen denkt, wird in diesem Kampf im Zeitalter der Globalisierung auf der Verliererseite stehen.

Der Autor

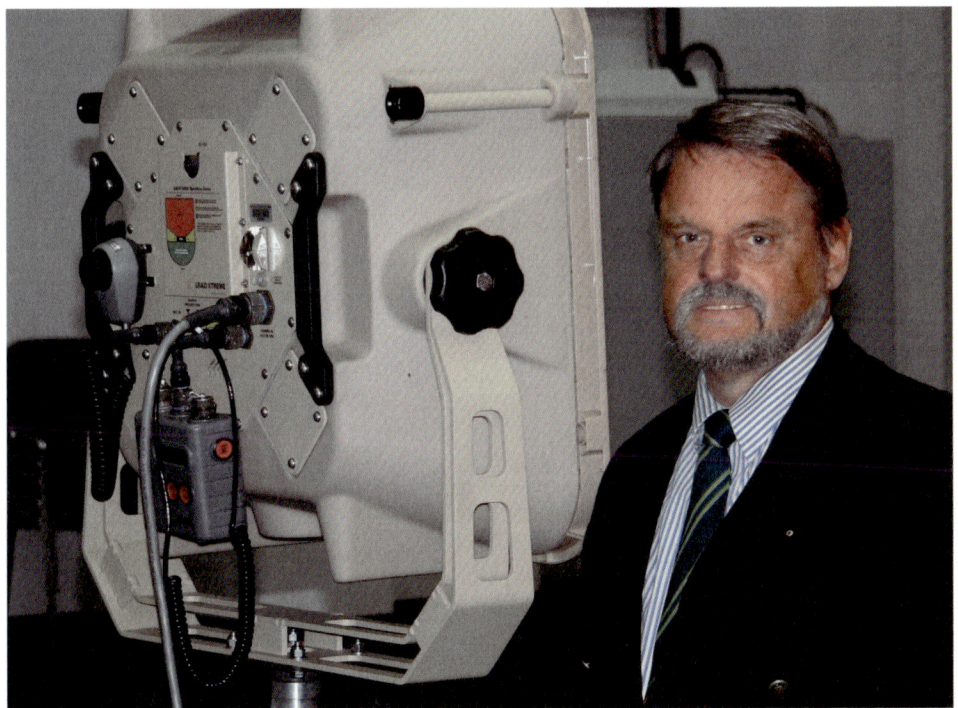

Autor Eigel Wiese an einer so genannten Schallkanone, dem LRAD.   (Foto: Eigel Wiese)

Bekannt ist Eigel Wiese insbesondere als freier Schifffahrtsjournalist und Autor von Schifffahrtsliteratur. So hat er bereits mehr als 25 Bücher zu maritimen Themen veröffentlicht. Aber auch Berichte aus Konfliktregionen sind für ihn vertraute Arbeit. Bereits 1976 war Wiese während des Bürgerkriegs im Tschad, beriet während der 80er Jahre Gruppen des burmesischen Widerstands in propagandistischen Aktionen und hielt sich 1987 während des Ausbruchs der ersten Intifada in Jerusalem und auf der Westbank Palästinas auf. Er berichtete aus dem Bürgerkrieg in Uganda und war 1992 im Kriegsgebiet auf dem Balkan. Heute ist er unter anderem als Gastdozent an der Führungsakademie der Bundeswehr tätig, arbeitet aber auch als Fotograf, Journalist, Moderator und Experte für Fernseh- und Hörfunkbeiträge.

Schiffsregister